상상력혁명

상상력 혁명

따라갈 것인가, 창조할 것인가?

혼이 깃든 인문학이 혁신을 주도한다!

진형준 (세계상상력센터 한국 회장) 지음

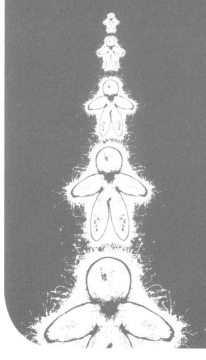

살림

상상력과 창조 경영의 만남

금년에 나는 아주 소중하고 새로운 경험을 했다. 내가 재직하고 있는 대학교의 경영대학원 내 문화예술경영학과에서 '상상력과 창조 경영'이라는 과목을 개설했는데, 내가 그 강의를 맡게 된 것이다.

제의가 들어왔을 때 나는 의례적인 망설임을 보인 후에 선뜻 응낙했다. 솔직히 말하면 내심 반갑기까지 했다. 30년 이상 상상력이라는 주제와 씨름을 해 왔고, 그에 대한 저서나 역서를 몇 권 출간하기는 했지만 이제 상상력 '이론'에 관한 글을 쓰는 데는 조금 지쳐 있던 차에 그런 제안이 온 것이다. 나 스스로도 '상상학'은 특정한 학문 분야에 속하는 것이 아니라 전 방위적인 성격을 지니고 있다고 언제나 주장하지 않았던가? 상상학은 이론적 학문이 아니라 실천적 성격을 기본으로 하고 있다고 말해 오지 않았던가? 마다할 이유도 없었으며,

내심 바라던 바이기도 했다.

강의를 준비하면서 나는 경영학과 경제학에 대한 책 읽기에 들어갔다. 새로운 공부는 언제나 새로운 상상력을 촉발하고, 그래서 재미가 있는 법이다. 그렇다고 내가 경영학과 경제학에 대한 ABC를 새롭게 공부한 것이 아님은 물론이다. 강의 제목이 '상상력과 창조 경영'인 만큼 창의성과 관련되는 정보와 지식을 특별히 찾아 읽었다. 창조적 경영이라는 것을 경영학에서는 어떻게 생각하고 있는지, 경영학과 기업 현장에서 창의적 발상으로 성공을 거둔 사람들은 무슨 이야기를 하고 있는지, 경영학·경제학이라는 학문 분야와 현장에서 새롭게 일어나고 있는 흐름은 어떤 것이 있는지 한번 들여다보기로 한 것이다.

경제학과 경영학 분야의 새로운 경향들을 들여다보면서 나는 그것들이 단순히 경영학·경제학 분야에서만 일어나는 변화가 아니라는 사실을 발견했다. 그리고 그 새로운 경향들에는 일관된 흐름이 존재하고 있다는 것도 알 수 있었다. 게다가 나는 아주 큰 희열을 느끼기까지 했다. 그 일관된 흐름이 내가 상상력을 공부하면서 터득한 인간과 사회와 자연에 대한 새로운 이해와도 일맥상통한다는 것을 발견했을 때의 희열이란!

하지만 나는 아주 중요한 문제점을 하나 발견했다. 그것은 그 새로운 경향들을 받아들이는 쪽에서 안고 있는 문제였다. 내가 보기에 사람들은 대개 상상력을 마냥 자유분방하기만 한 것으로 알고 있었다. 그리고 창의성을 역발상, 기발함, 독특함 정도로 이해하고 있었다. 그리한 편견을 가지고 경영학의 새로운 흐름들을 접하게 되면 그 모든 것이 기발하고 독특한 것으로 보일 수밖에 없다. 그렇게 되면 어떻게 그런 독창적인 생각이 가능했는지, 그 원칙과 맥을 배우기보다는 독특하고 새로워야 한다는 강박관념만 남게 되기 십상이다.

급기야 그 모든 주장들은 어느 특정 분야에서 뛰어난 재능과 상상력을 지닌 한 개인이 그야말로 '창의적'으로 창조해 낸 이야기이고 생각인 것처럼 여겨지기도 한다. 게다가 온통 넘쳐나는 '새로움'이라는 단어는 사람을 질리게 만든다. 새로운 경향들을 접하고 창의적 사고를 할 수 있도록 도움을 받기는커녕 이른바 '새것 콤플렉스'에 시달리게 되는 일이 벌어지지 말란 법이 없다.

경영학의 새로운 경향들이 뛰어난 개인의 창의적 발상들인 것은 사실이며, 새로운 이야기인 것도 사실이다. 하지만 그 창의적 발상을 낳게 한 바탕에는 어느 정도 공통되는 원칙들이 작동하고 있다. 나는 그 다양해 보이는 발상들을 일정한 원칙하에 묶어 주는 것, 그래서 그 맥을 이해할 수 있게 해 주는 것을 내 강의의 목표로 삼았다. 창의적인 상상력이란 큰 흐름과 틀을 보고 비전을 세울 수 있을 때에야 발휘될 수 있는 법이기 때문이다. 일관된 맥을 이해하지 못하고 새롭고 창의적인 발상을 이것저것 무턱대고 따라가다 보면 스스로 창의적이 되기는커녕 우왕좌왕하다가 말거나 심한 경우 '뱁새가 황새 따라가는 꼴'이 될 수도 있다.

그런 의욕과 목표 하에 나는 그 다양한 목소리들을 묶어 줄 커다란 여덟 개의 원칙을 마련했다. 그리고 그 원칙하에 여덟 개의 강좌를 준비했다. 그 강좌의 제목은 다음과 같다.

1. 나는 상상한다, 고로 나는 창조한다.
2. 나는 꿈꾼다, 고로 나는 창조한다.
3. 나는 뒤집는다, 고로 나는 창조한다.
4. 나는 모든 것을 연결한다, 고로 나는 창조한다.
5. 나는 보이지 않는 것을 본다, 고로 나는 창조한다.
6. 나는 이야기를 만든다, 고로 나는 창조한다.
7. 나는 체험하고 사랑한다, 고로 나는 창조한다.
8. 나는 미래를 예견한다, 고로 나는 창조한다.

상상력의 시대란 우선 "인간은 합리적인 동물이다."라는 명제를 의심하고 부정하면서 오게 된 것이다. 경제·경영학에서의 새로운 흐름들도 "인간은 합리적 동물이다."라는 자명해 보이는 명제를 부정하는 것으로부터 출발한다. 그래서 첫 번째 강좌는 "인간은 합리적 동물이다."라는 명제를 부정하는 흐름이 왜 나오게 되었는지, 그러면서 왜 상상력을 전면에 내세우게 되었는지, 합리성에 입각한 인간관을 부정하면서 탄생한 인간관은 인간과 사회와 우주를 어떻게 바라보는지 근본적인 차이를 이해하기 위해 마련했다.

이어지는 일곱 개의 강좌는 상상력에 입각한 새로운 인간관이 기존의 합리주의적 인간관과 결별하면서 새롭게 중시하게 된 가치와 기능들을 중심으로 편성한 것이다. 새로운 인간관은 합리주의적 인간관에서 경시되었던 '꿈'을 중시하고, 성실하고 모범적인 사유보다는 '전복적 사유'를 더 중시한다. 그리고 기계적 사유를 유기적 사유로 바꿀 것을 요구하면서 보이지 않는 맥락을 파악하는 능력을 요구한다. 틀에 박힌 논리보다는 자유로운 상상력이 발휘된 이야기가 더 중시되며, 피상적인 넓은 관계보다는 애정에 뿌리를 둔 깊은 만남이 요구된다. 그리고 단순한 기계적 법칙에 의해 미래를 예측하는 것이 아니라 일종의 예지능력과 지혜를 가지고 미래를 그려 볼 수 있는 능력을 요구한다.

이렇게 여덟 개의 강좌를 준비하면서 나는 경제·경영학에서 불고 있는 새로운 바람들을 그 여덟 개의 명제하에 거의 모두 배열할 수 있다는 확신을 갖게 되었다. 스펙트럼이 너무 넓고 다양해서 일목요연하게 파악하기 힘든 것처럼 보이는 경제·경영학의 새로운 흐름들은 내가 세운 명제들을 중심으로 일종의 동심원적 별자리를 형성하고 있었던 것이다. 이 책은 바로 그 별자리를 일목요연하게 보여 주는 하나의 그림이다.

나는 이 책이 경영학을 전공하는 사람들뿐만 아니라 경영 일선에서 뛰고 있는 사람들의 창의성을 고취하는 데 일조할 수 있기를 진심으로 바라면서 이 그림을 그린다. 그리고 경영이라는 단어가 인간경영, 세계경영이라는 의미로 한층 건강해지고 깊어지는 데 도움이 되기를 바라면서 이 그림을 그린다. 이 그림에는 상상력을 전공한 한 인문학도가 경영학이라는 전혀 낯선 분야에서 동질적인 사유들을 만나게 된 데 대한 반가움과 기쁨이 함께 담겨 있다는 말도 잊지 않고 덧붙여야만 하리라.

진형준

제1장

나는 상상한다,
고로 나는 창조한다

인 간 은   상 상 하 는   동 물 이 다

"마케팅에서 첫 번째로 폐기해야 할 개념은
소비자를 이성을 가진 존재로 간주하는 것이다."

_한스 게오르크 호이젤(신경마케팅 분야 최고 권위자)

미래는 꿈꾸는 경영의 시대다

경제·경영학의 새로운 흐름

우선은 경제·경영학이나 경영 일선에서 일고 있는 새로운 흐름들을 접하면서 내가 매우 놀랐다는 사실을 고백하는 것으로부터 시작해야겠다. 그것은 크게 두 갈래의 놀라움이었다. 그리고 그로 인해 경제학이나 경영학에 대하여 내가 스스로 가지고 있던 생각이 상당부분 수정될 수밖에 없었다.

1) 경제학은 "인간은 합리적 동물이다."라는 대전제하에 성립된 학문이다.

2) 그런 전제를 바탕으로 경제학자와 심리학자가 손잡고 만들어 낸 개념이 '호모 에코노미쿠스(homo economicus, 경제적 인간)'다.

3) 경제적 인간은 차가운 이성을 가지고 항상 이익의 극대화를 보장

하는 합리적인 선택을 한다. 가장 정확하고 합리적인 답은 존재하며, 경제학은 그 답에 접근할 수 있는 이성적이고 합리적인 방법만 찾으면 된다.

4) 경영학은 그러한 원칙하에 이익을 극대화하는 방법을 추구하는 학문이다.

이것이 내가 알고 있던 경제학이고 경영학이었다. 요컨대 내 생각 속에서 경영학이나 경제학은 언제나 '합리성'이라는 단어를 키워드로 하고 있었다.

그런데 덴마크 코펜하겐의 미래학연구소 소장인 롤프 옌센은 그의 저서 『드림 소사이어티』에서 "미래는 꿈꾸는 경영자들의 시대다."라고 말하고 있었다. 게다가 그는 "노동은 얼마든지 기계와 컴퓨터로 대체할 수 있다. 오직 상상력만이 영원히 인간의 능력으로 남을 것이다."라고 주장하기까지 했다.

그뿐인가. MIT 미디어랩과 슬론 경영대학원의 댄 애리얼리 교수 같은 젊은 경제학자는 "인간은 예측 가능하게 비합리적이다."라고 당당하게 말하고 있었다. 그는 "대부분의 사람이 합리적이고 특정인이 비합리적인 것이 아니라, 인간은 모두 비합리적이다."라고 주장함으로써 경제학의 코페르니쿠스적 혁명을 이룰 가능성을 제시한 사람이라는 평가를 받고 있다. 또한 신경마케팅(Neuromarketing)의 대가인 독일의 한스 게오르크 호이젤 박사는 "마케팅에서 첫 번째로 폐기해야 할 개념은 소비자를 이성을 가진 존재로 간주하는 것이다."라고 말했다.

그들은 "인간은 합리적인 동물이다."라는 대전제를 부정함으로써 기존의 경제학과 경영학의 주된 개념을 파괴함과 동시에 경제학과 경영학의 새 흐름을 주도하고 있었다. 이것이 나의 첫 번째 놀라움이다.

두 번째 놀라움은 더 컸다. 내가 가지고 있던 생각에 의하면, 경영학이나 경제학은 어차피 이익 추구를 지상의 목표로 하고 있다. 그리고 이익 추구를 위해 수단이나 방법 같은 것은 별로 고려하지 않는다. 하지만 새로운 경영 이론가들은 전혀 반대의 이야기를 하고 있었다.

'블루 오션'이라는 혁신적인 개념을 창안한 것으로 유명한 프랑스 인시아드 경영대학원의 김위찬 교수와 르네 마보안 교수는 "블루 오션의 혁신은 눈에 보이는 것의 혁신을 통해 오는 것이 아니다. 그것은 경제활동을 통해 얻은 이익과 그것이 지닌 실질적 가치와 그것이 인류와 사회에 공헌할 수 있는 역할을 동시에 맺어 줄 때만 가능하다."라고 말했다. 요컨대 그들은 당장 눈에 보이는 돈만 추구하다가는 혁신도 불가능하고 결과적으로 돈도 못 번다고 역설하고 있었던 것이다. 경제학이나 경영학 분야에서 새롭게 일고 있는 변화들은 내가 가지고 있던 생각을 일종의 편견으로 간주하게 만들 만큼 혁명적이고 전폭적인 것이었다.

이러한 변화는 단순히 경영학 필드에서 일어난 변화가 아니다. 수백 년 동안 당연시되어 왔던 인간관, 우주관의 변화와 맥을 같이하는 변화다. 그 새로운 생각과 발언들은 우리 모두에게 보편적으로 인식되어 온 인간관, 즉 인간은 합리적 동물이며 이 세상과 우주에는 합리적인 법칙이 존재한다는 합리주의적 사고에 정면으로 도전하고 있기 때문이다.

서구에서 합리주의적 인간관이 수립된 것이 벌써 500년 가까이 되었다. 더 멀리 800~900년을 잡는 사람도 있다. 그리고 이 인간관이 지구 전체를 지배하는 현상이 벌어진 것도 상당히 오래되었다. 우리도 그러한 서구의 인간관을 당연한 것으로 받아들이고 그에 기초한 교육을 받았다.

즉, "인간은 합리적인 동물이다."라는 인식을 부정하는 흐름에 화답하는 경제·경영 현장에서의 변화는 일시적 유행이 아니라 장기간에 걸쳐 준비되었던 근본적인 변화다. 그 변화는 대변화이다. 경영학 내에서 일어난 자그마한 변화가 아니라 인간관과 세계관 자체의 대변화에 경제학과 경영학이 화답을 한 것이다.

그런 변화에 화답하면서 경제·경영학자들은 '인간은 돈만 알고 돈만 추구하는 기계가 아니'라고 말하고 있었다. 하지만 오해는 하지 말자. 그 모습은 돈만 알다가 어느 날 갑자기 삶의 의미를 물어보고 싶어진, 개과천선한 수전노의 이미지와는 거리가 멀다. "인간은 어차피 이익만 추구하게 되어 있어. 돈이 최고야."라고 말하다가 갑자기 돈 이외의 삶의 의미를 깨닫고 돈벌이는 집어치운 채 자선사업에 뛰어든 스크루지의 이미지를 떠올리면 곤란하다.

새로운 흐름을 주도하는 경제·경영학자들은 사람은 절대로 이익만 추구하는 기계가 아니라고 말하고 있었다. 그들은 돈을 벌려면 돈벌이 기계가 되지 말고 무엇보다 사람을 이해하는 사람이 되라고 말하고 있었다. 게다가 돈을 벌어 어디에 쓸 것인지 그 실질 가치를 물어보라고 말하고 있었다. 한 걸음 더 나아가 그 돈이 인류와 사회를 위해 어떤 역할을 할 수 있는지 맥(脈)을 찾으라고 말하고 있었다. 그렇게 해야만 새로운 생각, 창의적인 발상이 가능하며 따라서 돈벌이도 가능하다고 말하고 있었다. 그들은 황금만능주의에서 벗어나야 비로소 돈벌이도 가능하다고 역설하고 있었다.

나는 그러한 새로운 흐름에서 아주 건강한 징후를 본다. 경영학이 이익 추구만을 지상의 목표로 한다면 그 자체로 건강해지는 것은 불가능하다. 게다가 인간이 어차피 경제적 이익에 맞는 합리적 결정과 행동을 하게 되어 있다고 본다면, 그 인간관은 우리를 좀 우울하게 만든다. 포장이야 합리성이라는 단어로 싸여 있지만 그 속 내용은 인간은 어차피 돈만 알고 이익만 추구하는 천박한 존재일 수밖에 없다는 것이 아니고 무엇이겠는가? 그런데 새로운 경영학과 경제학은 단순히 이익 추구의 새로운 방법을 말하고 있는 것이 아니라 인간이 건강해지는 법, 비관적 우울함에서 벗어나는 법을 바로 그 경영학과 경제학의 이름으로 말하고 있었다.

그 사실을 확인하고 내게는 욕심이 생겼다. 내가 공부한 상상학으로 그 건강을 향한 흐름에 일조를 하고 싶다는 욕심이 바로 그것이다. '상상력과 창조 경영' 강의를 하면서 내가 내내 힘을 낼 수 있었던 것은 그 욕심 덕분이다.

인간을 인간답게 하는 것은
생각이 아니라 '상상'이다

문명을 이룩한 합리주의의 위기

17세기 프랑스의 철학자인 데카르트가 확립한 합리주의의 철칙은 "나는 생각한다, 고로 나는 존재한다."라는 명제로 간단하게 요약된다. 합리주의자는 우선 이 세상에는 절대적이고 객관적인 진리가 존재한 다고 믿는다. 그리고 그 진리를 발견할 수 있는 것은 인간이 가진 이 성의 몫이라고 생각한다. 또한 인간만이 그러한 이성을 지니고 있다고 믿는다. 인간에게만 이성이 존재하고 합리적 사유의 능력이 존재하기 때문에 인간과 동물을 구별할 수 있다는 얘기다.

사실 인간은 참으로 진리를 좋아하는 동물이다. 우리나라의 미인 대회를 예로 들어 보자. 미인대회에서 미인은 진(眞), 선(善), 미(美)의 순서로 그 순위를 가린다. 분명 아름다운 여자를 뽑는 대회인데 그 순서가 참된 사람, 착한 사람, 아름다운 사람으로 되어 있는 것이다.

아름다운 사람을 뽑는 대회에서도 참됨(眞)을 으뜸으로 삼는 이유는 무엇일까? 착하고 아름다운 것은 주관적이고 상대적인 데 비해 참된 진리는 절대적이며 하나뿐이라는 생각을 우리가 갖고 있기 때문이다.

합리주의란, 절대적이며 하나뿐인 진리를 인간의 이성의 힘으로 발견할 수 있다는 믿음을 그 바탕에 깔고 있다. 서구의 경우 합리주의가 확립되기 전에 절대적인 진리는 인간의 편에 존재하지 않았다. 절대적인 진리는 하느님의 몫이었다. 합리주의 선언은 인간의 이성의 힘으로도 절대적인 진리를 발견할 수 있다는 '인간 승리 선언'과 비슷한 것이기도 하다.

합리주의는 인간을 여러모로 안심하고 우쭐하게 한다. 이 세상을 지배하는 유일한 객관적 진리 혹은 원칙이 존재하며, 그 원칙을 인간의 이성의 힘으로 찾아낼 수 있다는 믿음은 인간을 얼마나 안심시키겠는가? 인간의 힘으로 찾아낸 그 원칙에 비추어 이 세상 모든 현상을 설명하고 이해할 수 있으며 세상은 그 원칙대로 움직이게 되어 있다고 믿는다면 얼마나 안심이 되겠는가? 인간의 힘으로 이 세상 모든 비밀을 밝혀낼 수 있으며 인간의 이성의 힘으로 지구상에 가장 합리적인 유토피아를 건설할 수 있다고 믿는다면, 인간은 그 얼마나 우쭐댈 수 있겠는가?

너무나 단순하게 정리한 합리주의 명제는 그 여파가 일파만파로 퍼져 나가 인간의 삶이나 인식을 온통 지배하는 절대적 원리가 된다. 그러한 합리주의에 의해 인간은 우주의 주인이 되고 중심이 된다. 그리고 합리주의가 극단에 도달하면 앞서 말했듯이 인간이 인간의 힘으로 지상에 유토피아를 건설할 수 있다는 희망까지 품게 한다. 그 희망을 품는 것이 가능한 것은 인간과 인간의 사회가 이성의 힘으로 끊임없이 진보한다는 믿음이 거기에 덧붙여졌기 때문이다.

하지만 합리주의가 모든 인간에게 희망과 자부심을 준 것은 아니다. 합리주의는 인간들이 지구상에 이룩한 온갖 문화들을 문명과 야만으로 구분하는 이분법적 문화차등주의를 낳았으며, 심지어 인간이 인간을 짐승으로 여기는 결과를 낳기도 했다.

서구가 이룩한 합리주의가 어떤 식으로 문화차등주의와 연결되는지를 알아보려면 세계적 고전으로 알려진 소설 한 편을 검토해 보는 것으로 충분할 것이다.

프라이데이는 야만인이었나

우리는 대개 문화에는 높낮이가 엄연히 존재한다고 믿는다. 하지만 문화에 높낮이가 존재한다는 생각을 우리가 갖게 된 것은 우리가 인간과 인간의 문화는 진보한다는 서구적 발상을 보편적 진리인 양 교육받았기 때문이다. 그러한 발상을 간단하게 요약해 보여 주는 것이 영국 작가 다니엘 데포의 소설 『로빈슨 크루소』이다. 그 소설의 큰 줄거리는 간단하다. 태평양의 한 섬에 표류하게 된 영국인 로빈슨 크루소가 온갖 모험을 겪은 후에 다시 고향으로 귀환하게 되는 이야기이다. 하지만 그 소설에서 우리가 주목해야 할 것은 로빈슨 크루소가 식인종들로부터 구해 준 프라이데이(금요일에 만났다고 그런 이름을 붙였다)와 로빈슨 크루소의 관계이다.

로빈슨 크루소가 프라이데이를 처음 만났을 때 그는 야만인 그 자체였다. 그는 인간이라기보다는 인간의 형상을 한 짐승이었을 뿐이다. 로빈슨 크루소는 그에게 글을 가르쳐 주고 셈을 가르쳐 준다. 즉, 그에게 문명의 세례를 내려 준 것이다. 야만인 프라이데이를 인간으로 만드는 그의 교육은 기독교를 가르치는 것으로 완성이 된다.

이 소설에서 로빈슨 크루소는 서구의 합리주의 문명을 대표하며 프라이데이는 비서구적인 문명을 대표한다. 로빈슨 크루소와 프라이데이의 만남은 소설 내용처럼 한 문명인과 야만인의 만남이 아니다. 그 만남은 합리주의적인 사유를 가진 한 서구인의 이질적인 문화와의 만남이다. 그 만남이 소설에서 문명인과 야만인의 만남으로 묘사되고 있는 것은 서구인의 눈에는 '이질적인 문화'가 그들의 문화와는 다른 '또 하나의 문화'로 보이지 않았기 때문이다. 그들의 눈에 이질적인 문화는 야만 상태와 동일한 의미였다.

서구인의 합리주의적 사고에 의하면 인간은 인간의 이성의 힘으로 야만 상태에서 벗어날 수 있었다. 그리고 역시 이성의 힘으로 진보를 거듭한 결과 찬란한 문명을 이룩했으며, 그러한 진보는 합리주의가 발달한 서구인만이 이룩할 수 있었다. 그러한 진보를 이룩하지 못한 문화는 자연 상태, 즉 야만 상태에 머물러 있는 문화일 뿐이다. 다시 말해 합리주의의 세례를 받지 못한 문화는 여전히 야만 상태에 머물러 있는 문화가 된다. 그 세례를 받지 못한 인간은 겉모습만 인간과 비슷할 뿐 짐승에 가깝다. 합리주의의 세례를 받은 서구인은 아무런 의심 없이 다른 인간을 짐승과 가깝다고 여길 수 있으며 다른 문화를 열등한 문화로 간주할 수 있게 된다. 그래서 그들을 깨우쳐야 한다는 사명감도 갖게 된다. 이게 바로 문화차등주의이다.

합리주의는 인간을 우주의 중심에 놓는다. 하지만 합리주의는 곧 모순에 봉착한다. 우주의 주인이 되고 중심이 되는 것이 인간 전체가 아니라 합리주의 사상과 문화를 이룩한 서구인이 되는 일이 벌어지는 것이다.

결국 합리주의는 인간의 이름으로 인간을 총체적으로 바라보기보다는 인간이 지닌 인식 기능에 차등을 부여하고 종국에는 인간의 문화에 대해서도 차등을 부여하기에 이른다. 이성이 깨이지 못한 개인은 비합리적인 인간이며 동물에 가까운 인간이고, 합리적인 질서와 방법을 발견하지 못한 문화는 야만적이고 미개한 문화가 된다.

인간이 인간을 동물로 간주하는 일이 과연 가능한가? 인간이 지구상에 이룩한 온갖 문화들을 그 진보의 정도에 따라 문명과 야만으로 구분할 수 있는가? 아니 도대체 인간은 합리적 동물이기나 한 것인가? 인간과 인간의 문화는 진보를 해 오기는 한 것인가?

합리주의에 물든 거의 대부분의 사람들이 자명한 것으로 여겨 오던 생각들에 의문을 품은 많은 사람들이 위와 같은 근본적인 질문들을 다시 던지게 되면서 합리주의가 낳은 문화차등주의, 진보주의는 그 뿌리부터 흔들리게 된다. 그들의 생각을 간략하게 뒤따라가 보기로 하자.

진보의 신화를 뒤집어라

인간에 대한 새로운 정의

인간이 이룩한 문화는 끊임없이 진보를 거듭해 왔으며 그중 가장 앞선 것이 서구 문화라는 문화차등주의에 가장 먼저 일침을 가한 사람이 프랑스의 구조주의 인류학자인 레비스트로스이다. 그는 "인간은 언제나 잘 생각해 왔다."라고 말하면서 문화차등주의를 부정했다. 또한 그는 "쇠도끼가 돌도끼보다 잘 만들어진 것이 아니다. 둘 사이에는 단지 재료의 차이만 있을 뿐이다."라고 말하면서 인류의 문명이 끊임없이 진보해 왔다는 보편적인 생각에 일침을 가했다.

쇠도끼와 돌도끼가 문명의 우열관계를 보여 주는 것이 아니라 단지 재료의 차이만 보여 줄 뿐이라는 당혹스러운 그의 발언을 우리는 어떻게 이해해야 할까? 우리는 분명 인류의 문화는 구석기 시대로부터 신석기 시대, 청동기 시대, 철기 시대를 거쳐 발전해 왔다고 배웠고 그렇게 믿고 있지 않은가? 쇠도끼가 돌도끼보다 분명 효율적이고 강력한 도구라는 것은 아무도 부인할 수 없는 사실이 아닌가?

사실이다. 하지만 그의 발언은 약간은 비유적이다. 그의 발언의 진의를 이해하기 위해서는 돌도끼와 쇠도끼의 비유를 아름다운 그림 혹은 감동적인 시와 정교한 우주 로켓으로 바꾸어 생각해 보는 것만으로 충분하다. 돌도끼와 쇠도끼를 예로 들어 "문화들 간에는 차등이 존재하는 것이 아니라 차이만 존재한다."는 그의 말은 "예술 작품과 로켓 사이에는 차별이 존재하는 것이 아니라 차이만 존재한다."고 말하는 것과 같은 뜻을 지닌다. 예술 작품을 만든 사람과 로켓을 만든 사람의 재능은 우열을 비교하는 것이 불가능하다. 그 둘은 각기 다른 재능일 뿐이다. 레비스트로스는 지구상에서 인류가 이룩한 각기 다른 문화들 간의 관계도 마찬가지라고 말하고 있는 것이다. 각기 다른 문화들은 인류가 지닌 각기 다른 기능들이 발휘되어 이룩된 상이한 문화들일 뿐 그 사이에는 우열관계가 존재하지 않는다는 것이다. 이것이 바로 문화상대주의이다. 레비스트로스의 문화상대주의는 문화 간의 우열관계를 지우면서 동시에 인간이 이성의 힘으로 끊임없이 진보해 왔다는 진보주의를 부정한다.

아마 누구나 금방 반문할 수 있을 것이다. 인류의 과학 문명이 눈부시게 발전한 것은 사실이 아닌가? 그러한 발전은 인간의 이성에 의해 이룩된 것이 아닌가? 과학 문명의 발전은 인간 이성의 발전을 증명해 주는 것이 아닌가? 사실이다. 과학은 발전했다. 그리고 과학 문명의 발전에 힘입어 인간이 자연을 다스리고 주인 노릇을 한 것도 사실이다.

하지만 간단하게 물어보자. 행동과 도덕, 윤리에서도 인간이 과연 진보를 이룩한 것이 사실일까? 과학 문명이 발전한 만큼 현대 사회는 성숙한 사회가 된 것이고 현대인은 훌륭한 사람이 된 것일까? 과학 문명의 발전과 함께 인간도 진화하고 성숙했으며 인간 사회도 발전한 것이라면 현대인은 우리의 조상들보다 모든 면에서 훌륭한 사람이어야 하고 현대 사회는 고대 사회보다 윤리적이고 모범적이어야 한다. 하지만 21세기를 살고 있는 내가 저 옛날에 살았던 공자님보다 훌륭한 사람이라는 생각은 아무래도 할 수가 없다. 자동차 운전이나 컴퓨터를 다루는 능력에서는 공자님이 도저히 나를 따라올 수 없겠지만 그 어떤 면에서도 나는 공자님보다 성숙하지 못한 존재이다. 또한 이른바 신대륙의 아메리카 인디언은 이미 존경할 만한 수준의 인간 행동의 전범을 보여 주었다는 것을 이제는 대부분 인정한다. 그들이 운영하던 사회적 행동 규범은 미국 헌법에 지대한 영향을 주었다는 것도 이제는 정설이 되었다. 우리가 서부 영화를 통해 야만인으로 보는 데 아주 익숙해 있는 그들의 사회 규범이 인간 행동의 하나의 전범이 될 수 있었다는 것은 우리가 익숙해 있는 진보의 신화를 뒤집기에 충분한 예가 될 수 있다.

레비스트로스는 노예 제도라는 야만적 제도는 이른바 위대한 문명의 탄생과 함께 시작되었다고 역설적으로 말하기도 한다. 그러니 지구상에 존재했고 존재하는 위대한 문명은 과연 야만으로부터의 탈출이라는 극적인 드라마와 함께 탄생한 것인가, 인간이라는 종족은 그러한 진화와 진보의 드라마와 함께 지상에서 삶을 영위해 나간 것인가라는 질문이 가능하다. 그 물음에 대해 가장 자신 있게 아니라고 대답하는 사람들이 바로 고대 생물학자들이다. "인간의 문화가 꽃피면서 인간이 자연을 다스렸으니 크로마뇽인 이래로 인간 자신도 진화를 거듭해 온 것이 아닌가?"라는 질문에 그들은 단호하게 아니라고 답한다. 인류에게 진화는 거의 없었으며 호모사피엔스로서 오늘날의 우리가 지니고 있는 생물학적 특성을 우리의 조상들도 그대로 가지고 있었다는 것이다. 진화가 있었더라도 눈에 뜨일락 말락 할 정도라는 것이다. 즉, 뼈대와 근육이 조금 가늘어졌고 이가 작아졌으며 수도 줄었다는 것, 엄마와 아이 사이가 가까워졌고 가정교육 기간이 늘었다는 것이 차이라면 차이일 뿐이라는 것이다. 하지만 그 변화도 환경에 적응하기 위한 변화일 뿐 엄밀한 의미에서 진화라고 보기는 어렵다는 것이다.

인간을 인간답게 하는 것이 이성이 아니고 인간이 이성의 힘으로 발전을 이룩해 온 것이 아니라면 인간의 인간으로서의 특성은 과연 어디에 존재하는 것인가?

인간은 상상하는 동물이다

　인간은 합리적 동물이라는 명제에 의심을 품으면서 오랜 기간에 걸쳐 여러 분야에서 다발적으로 일어난 여러 가지 흐름들을 종합하여 상상력에 입각한 새로운 인류학을 설립한 사람이 프랑스의 인류학자이며 철학자이자 『상상계의 인류학적 구조들』을 저술한 질베르 뒤랑이다. 그는 단호하게 말한다. 인간은 무엇보다 상징적 동물이며 인간을 지구상의 다른 동물들과 구별하게 해 주는 것은 인간에게 존재하는 상상력이라고.

　그는 인간이 이룩한 모든 문화는 상상력의 산물이라고 역설한다. 상상력은 인간이 지닌 여러 기능들 중의 하나가 아니라 인간이라는 종족의 특성 자체라는 것이다. 상상력에 입각한 그의 인간학에 의하면 인간은 지구상에 존재하는 모든 생물 중에 가장 나약한 존재이다. 또한 인간은 조금도 진보해 오지 않았다. 게다가 그는 인간이 그토록 자랑하는 이성의 능력도 상상력의 일부분으로 포섭한다. 이에 대해 간단히 살펴보자.

　인간이 상상력의 동물인 것은 인간이 지구상의 그 어떤 생물보다 미성숙의 상태로 세상에 태어나기 때문이다. 포유동물인 인간은 다른 포유동물들과 마찬가지로 식욕, 성욕 등을 갖고 태어난다. 하지만 인간은 인간이 생래적으로 지닌 그 욕망들을 스스로 충족시킬 능력이 없다. 생존의 기본 조건이라고 할 식욕을 예로 들어 보자. 다른 동물들은 세상에 태어나면 스스로 먹이를 찾아 그 욕구를 실현한다. 하지만 인간은 스스로 아무것도 할 수 없다. 식욕도 그 누군가가 도와주어야만 충족된다. 좀 어렵게 표현하면 인간의 모든 욕망은 직접 충족되지 못하고 환경의 영향을 받아 간접화된다. 그 결과 태어날 때는 누구에게나 똑같았던 먹고자 하는 욕망이 여러 가지로 다양해진다. 누구는 김치를 좋아하고 누구는 고기를 좋아하고 누구는 야채를 좋아하게 된다. 즉, 인간이 본래 지닌 욕망과 그 욕망의 표현 사이에는 거리와 변형이 생겨난다. 그게 바로 인간의 문화이다.

인간이 이룩한 문화는 인간이 그토록 자랑스러워하는 인간의 이성 덕분에 이룩된 것이 아니라 미성숙의 상태로 세상에 태어난 인간의 숙명이고 인간 조건이다. 인간이 얼마나 미성숙의 상태로 세상에 태어나는가는 인간의 뇌가 성숙하는 데 25년이 걸린다는 사실을 상기하는 것으로 족하다. 인간과 가장 닮았다는 침팬지의 뇌도 6개월이면 성장을 멈춘다. 그 25년이라는 긴 세월은 인간이 지닌 동물적 욕망이 인간을 둘러싼 환경과 관련을 맺으면서 변형을 갖는 시기이고 문화화되는 시기이다.

인간이 이룩한 문화는 인간이 지닌 동물적 욕망을 억압해서 이룩된 것도 아니고 동물적 욕망이 직접 표출된 것도 아니다. 인간이 이룩한 문화를 전자처럼 생각하는 경우 인간의 의지와 이성이 인간만의 특징이라고 여기게 되며 그 결과 합리주의 같은 사상이 나온다. 반대로 인간은 어차피 욕망을 지닌 동물이라고 주장하면서 욕망이 시키는 대로 하는 것이 가장 자연스럽고 인간다운 태도라는 주장을 하게 되면 인간의 행동과 삶은 동물의 차원으로 떨어져 버린다.

인간은 포유동물이기에 포유동물로서의 모든 욕망을 자연스럽게 갖고 있는 존재이다. 하지만 인간은 동물이 아니기에 욕망을 직접 표출하지 못한다. 그래서 이런 이야기가 가능해진다. "인간에게는 모든 것이 허용되어 있다. 하지만 인간에게는 또한 모든 것이 금지되어 있다." 그게 인간의 특성이고 인간이 이룩한 문화의 특성이다.

합리주의는 모든 가능한 문화들 중에서 서구인이 이룩한 문화만이 인간적이라고 생각한다. 그래서 합리적 사유를 하는 자에게는 모든 것이 허용되고 그렇지 않은 자에게는 모든 것이 금지되는 일이 발생한다. 서구에서 키워 온 합리주의는 근본적으로 자신에게 너그럽고 남에게 인색한 사상이다. 남에게 인색한 것은 자신들만을 객관적 진리를 획득한 '생각하는 자'로 간주하기 때문이다.

더 이상의 자세한 설명은 생략하겠지만 뒤랑의 인간학은 "나는 생각한다. 고로 나는 존재한다."라는 합리주의 명제를 "나는 상상한다. 고로 나는 존재한다."라는 명제로 바꾸어 버리고 '생각하는 나'를 '상상하는 나'의 일부분으로 삼아 버린다. 그의 인간학에 의해 합리주의는 절대적 명제의 지위를 잃어버린다. 합리주의는 인간이 발휘하는 상상력의 일부가 되어 버리는 것이다. 서구의 합리주의에 대한 반성이 서구인에게 어떤 의미를 지니는가를 실감하기 위해 앞서 살펴본 로빈슨 크루소의 소설을 패러디한 소설을 하나 잠깐 읽어 보기로 하자. 내가 좋아하는 프랑스의 소설가 미셸 투르니에의 『방드르디 혹은 태평양의 끝』이라는 소설이다.

로빈슨 크루소, 방드르디에 의해 다시 태어나다

방드르디는 불어로 금요일이라는 뜻이다. 즉, 영어로 프라이데이와 같다. 눈치 빠른 사람은 금방 알았겠지만 투르니에의 그 소설은 다니엘 데포의 소설과 줄거리가 같으면서 주인공만 바뀐 셈이다. 그 소설에는 물론 로빈슨 크루소도 나온다. 그가 태평양의 한 섬에 난파하는 것도 똑같다. 하지만 다니엘 데포의 소설과는 줄거리 전개가 사뭇 다르다. 물론 로빈슨 크루소는 방드르디를 야만인으로 간주한다. 그는 데포의 소설에서처럼 방드르디에게 셈과 글과 종교를 가르치려 한다. 하지만 투르니에의 소설에서 방드르디는 데포의 소설에서의 프라이데이와는 다르다. 그는 수동적으로 교육을 받아들이는 것이 아니라 대등하게 맞선다. 소설의 결말은 더욱 극적이다. 방드르디가 로빈슨 크루소에 의해 진정한 인간으로 탄생하는 것이 아니라 로빈슨 크루소가 방드르디의 인도에 의해 새로운 인간으로 탄생한다. 하지만 그 과정은 순조롭지만은 않다. 로빈슨 크루소는 새로운 인간으로 재탄생하기 위해 필연적으로 자기 부정의 아픔을 겪어야만 한다. 그때 그 어려운 과업을 달성할 수 있도록 그를 이끄는 스승이 바로 방드르디이다.

투르니에의 소설은 데포의 소설을 패러디한 것이지만 그 메시지는 간단하지 않다. 그 소설은 합리주의에서 벗어나는 일이 단순한 반성의 차원에서는 불가능하다는 것을 보여 준다. 이질적인 문화를 야만으로 간주하지 않고 또 하나의 다른 문화로 받아들이는 일은 철저한 자기 부정에 의해서만 가능하다. 그 일은 자기 부정을 통한 재탄생과 마찬가지로 어려운 일이다.

요즘 경제·경영학 일선에서 불고 있는 새로운 바람들은 그 어려운 자기 부정의 몸짓과 궤도를 같이한다. 그들의 "인간은 합리적이지 않다."라는 선언은 쉽게 나온 선언이 아니다. 적어도 서구인의 입장에서라면 자기 부정의 몸짓만큼 어려운 것이기도 하다. 세상에 가장 어려운 일 중의 하나가 자신을 부정하고 자신을 객관화하는 일이 아니겠는가. 하지만 그만큼 확실한 변신이 가능한 방법도 없다. 그래서 "인간은 예측 가능하게 비합리적이다."라고 선언한 댄 애리얼리 같은 사람에 대해 경제학에 코페르니쿠스적 혁명을 가져올 수도 있다는 기대감을 사람들이 갖게 되는 것인지도 모른다.

다시 강조하자. 경제·경영학 분야에서 나타나고 있는 새로운 흐름들은 단순히 그 분야만의 새로운 흐름이 아니다. 그 흐름은 인간에 대한 전반적인 사고의 전환과 맞물려 있다. 이제 그 전환의 내용을 조금 구체적으로 살펴볼 때가 되었다.

상상력의 시대는 꿈의 시대다

따뜻한 체온을 가진 경영학

만능열쇠로서의 합리주의를 부정하면서 우리의 사고를 전환하게 되면 당연히 상상력을 중심으로 인간을 새롭게 살펴볼 수 있게 된다. 합리주의에 의해 가장 하찮게 여겨져 온 것이 바로 상상력이기 때문이다. 상상력은 '오류와 거짓의 원흉'으로 파문 받아 왔다. 상상력이 이처럼 평가 절하되고 파문을 받게 된 것은 한마디로 상상력은 주관적이기 때문이다. 따라서 상상력을 중심으로 하는 인간학을 내세운다는 것은 다시 말해 인간의 주관성에 대한 권리 선언을 하는 것과 같다. 상상력을 중심으로 하는 인간학은 객관적 진리의 이름으로 평가 절하되었던 온갖 주관성을 두루 포섭하고 강조한다.

"나는 생각한다, 고로 나는 존재한다."라는 명제에서 '생각한다'라는 동사는 그 무엇으로도 대체할 수 없다. 그만큼 생각하는 나는 절대적이고 불변적이다. 그리고 그만큼 확고부동하다. 하지만 "나는 상상한다, 고로 나는 존재한다."라는 명제를 내세우게 되면 상상하는 내용은 상상하는 주체에 따라 얼마든지 다양해질 수 있다. 예를 들어 "나는 사랑한다, 고로 나는 존재한다."도 될 수 있고 "나는 정직하다, 고로 나는 존재한다.", "나는 성실하다, 고로 나는 존재한다.", "나는 즐겁다, 고로 나는 존재한다.", "나는 호기심을 느낀다, 고로 나는 존재한다." 등 그 어느 명제도 성립될 수 있으며 심지어는 "나는 파괴한다, 고로 나는 존재한다."라거나 "나는 증오한다, 고로 나는 존재한다."라는 명제도 성립될 수 있다. 중요한 것은 그 모든 것들이 나름대로 의미를 가지며 열등한 것이나 하찮은 것이나 낯선 것이 아니라는 것이다. 생각해 보라. 우리의 내부에는 얼마나 많은 욕망과 사랑의 충동, 파멸의 충동, 깊고 깊은 절망, 타오르는 격정, 터질 듯한 증오, 무기력한 방황, 번뜩이는 통찰력, 질풍노도와 같은 광기가 존재하는가. 그모든 것은 이성의 이름으로 억압되어야 할 것이 아니다. 그 모든 것은 비인간적이라고 파기되어야 할 것이 아니다. 그 모든 것은 우리에게 아주 낯익은 것이다. 그 모든 것은 다 인간적이다.

다양한 인간의 주관성을 인정하고 받아들이면 우리는 우선 겸손해진다. 그리고 세상이 따뜻해진다. 기존의 인본주의적 휴머니즘을 뒤집으면서 인간 중심적 사고에서 벗어날 수 있게 되기 때문이다. 기존의 휴머니즘은 우주의 중심에 인간을 놓는다. 인간의 이성을 놓는다. 하지만 그 결과 인간 자체와 인간의 사회가 기계화·사물화되는 결과를 낳았다. 그 무엇보다 합리성과 효율성이 중시되기 때문이며 급기야는 인간도 효율성을 발휘해야 하는 합리적 기계 같은 것이 되기 때문이다. 하지만 상상력을 중심으로 한 인간학은 기본적으로 인간과 인간, 인간과 자연, 인간과 우주 간의 맥을 찾는 인간학이다. 그 인간학은 사람을 기계화시키는 것이 아니라 인간이 만든 기계까지도 인간화시킨다. 그래서 세상과 우주 전체를 따뜻하게 만든다. 세상과 우주에 체온을 부여하고 피를 돌게 한다. 한마디로 우주 전체가 유기적으로 연결되어 있다는 생각을 바탕으로 성립되는 것이 상상력의 인간학이다.

그런 유기적인 사유는 이 세상에 단 하나의 유일한 원칙이 존재한다는 생각을 부정할 수밖에 없다. 상상력의 코페르니쿠스적 업적을 이룩했다고 누구나 인정하는 프랑스의 과학철학자 바슐라르 같은 이는 불변적이고 확고부동하며 유일한 합리성이라는 것은 존재하지 않는다고 말했다. "객관화는 목표지 현상이 아니다." "인간은 결코 객관성에 도달할 수 없다. 인간은 단지 근접인식만을 할 수 있을 뿐이다." 라는 그의 말은, 이해하기 조금 어렵긴 해도, '생각하는 나'의 항구성에 의문을 던지게 만든 발언들이다. 단 하나의 합리적 진리는 존재하지 않는다는 말은 뒤집어 생각하면 합리성도 상대화될 수 있다는 말과 같다. 조금 과감하게 말한다면 각기 다른 상상력이 낳은 각기 다른 합리성이 여럿 존재할 수 있다는 것이다. 알기 쉬운 예를 들어보자.

이른바 서구의 과학적 사고방식에 따르면 한의학은 비과학적이다. 지금이야 사정이 많이 달라졌지만 적어도 아주 오랫동안 한의학은 비과학적이라는 대접을 받아 왔다. 서양의학만이 단 하나의 유일한 객관적 진리를 담보하고 있다고 생각한다면 서양의학과 다른 의학들은 미개하며 비과학적이라는 대접을 받는 것이 당연하다. 하지만 유일한 합리성의 존재를 부정하게 되면 역으로 서양의학은 여러 의학 중의 하나가 된다. 서양의학도 한의학도 과학이 되는 것이다. 서양의학과 한의학은 각기 다른 상상력이 낳은 나름대로 합리적인 과학이 된다. 그것은 마치 각기 다른 문화에 차별이 아니라 차이만이 존재하는 것과 마찬가지다.

따라서 우리는 이렇게 말할 수 있다. "진정으로 합리적인 정신이란 단 하나의 유일한 합리성을 부정하는 정신이다."라고. "진정으로 합리적인 정신이란 유일한 원칙에 닫혀 있는 정신이 아니라 열린 정신을 말한다."고. 프랑스의 철학자인 에드가 모랭은 "합리적 정신이란 개방적 인식을 말한다. 진정으로 합리적인 정신이란 유일한 합리성을 합리화하는 정신이 아니라 비합리적인 것과 협상을 하는 정신이다."라는 말로 우리의 생각에 화답한다. 단 하나의 객관적 진리, 단 하나의 원칙을 내세우며 온갖 주관성과 감성을 무시하는 합리주의는 편협한 합리주의이며 오히려 비합리적이라는 것, 그것이 그가 우리에게 전하는 메시지이다.

단 하나의 유일한 합리성을 부정하고 상상력이 강조되는 새로운 세상에서 능동적이고 주체적인 존재로 살기 위해 요구되는 첫 번째 명제는 아주 간단하다. "자기 내면의 주관적 욕망에 귀를 기울이라."라는 것이다. 그리고 확실한 것보다는 불확실한 것, 합리적인 것보다는 비합리적인 것에 더 귀를 기울이자. 그러다 보면 세상이 명료해지지는 않겠지만 자신과 세상이 놀랄 만큼 풍요로워지고 다양해진 것을 발견하게 될 것이다.

우리의 두 번째 명제는 바로 그 다양성에서 나온다. "원칙을 세워라. 하지만 그 원칙도 언제든지 변할 수 있다는 유연성을 가져라." 이것이 두 번째 명제이다. 지금은 합리적으로 보이는 원칙도 세상이 변하면 비합리적인 것이 될 수 있기 때문이다. 이 세계에 원칙은 분명히 존재한다. 하지만 단 하나의 원칙만이 존재하지는 않는다. 하나의 원칙은 다른 원칙들과 대화하며 변화하고 시대의 변화와 조응하면서 변화한다.

상상력의 시대와 화합하라

행동경제학과 드림 소사이어티

댄 애리얼리는 「조선일보」 위클리비즈의 기자와 만나 인터뷰를 하는 자리에서 "당신은 노후 연금에 가입했습니까?"라고 묻는다. 기자가 아니라고 대답하자 그는 "당신은 왜 노후 연금에 가입하지 않았을까요?"라는 의문을 제기한 뒤 이렇게 말한다.

"(당신이 노후 연금에 가입하지 않은 현실을 놓고) 기존의 정통경제학은 '당신이 연금에 들어 돈을 붓는 비용과 나중에 연금 타는 편익을 분석한 결과 비용이 더 크다고 판단해서 가입하지 않은 것'이라고 설명하지요. 저는 '당신이 장기 미래에 대해 비용 편익 분석을 제대로 못하기 때문에, 연금에 가입하는 편이 훨씬 좋은 일이고 합리적인 일임에도 불구하고 안타깝게도 가입을 하지 않는다.'고 설명합니다."

댄 애리얼리의 지적은 아주 간단하다. 하지만 그 간단한 지적 속에는 꽤나 중요한 의미가 들어 있다. 기존의 경제학은 인간은 합리적이라는 전제하에 상황을 해결하려고 한다. 인간은 '호모 에코노미쿠스'라는 믿음을 갖고 있기 때문이다. 따라서 많은 사람이 연금에 가입하지 않은 현실에 봉착하면 연금 제도가 비합리적이라고 생각한다. 그래서 연금 제도를 보다 합리적으로 바꾸려고 노력한다. 하지만 댄 애리얼리는 제도가 비합리적이라서 사람들이 연금에 가입하지 않는 것이 아니라 사람들 대부분이 비합리적으로 사고하기 때문에 그런 일이 벌어진다고 강조한다. 대부분의 사람이 합리적인데 어리석은 몇 사람만 연금에 가입하지 않은 것이 아니라 거의 대부분의 사람이 머나먼 미래의 일을 내다볼 합리적인 능력을 발휘하지 못한다는 것이다.

그래서 그는 개인들이 제대로 판단을 내리지 못하는 미래의 일에 대해서는 강제로, 혹은 단기적인 인센티브로 지혜로운 판단을 하도록 이끌어 내자고 제안한다. 요컨대 새로운 경제학은 단호하게 인간이 합리적이라는 전제를 버려야만 역으로 합리적인 대책을 마련할 수 있다고 말하고 있는 것이다.

인간이 합리적이라는 믿음을 전제로 한 기존의 경제학에 대한 비판은 리처드 탈러와 선스타인이 지은 『넛지』에서 한결 더 단호한 어조를 띠게 된다. 그 책에서는 기존의 경제학이 인간을 '아인슈타인처럼 사고(思考)하고, IBM 컴퓨터처럼 뛰어나게 기억하며, 간디처럼 의지력을 발휘하는 존재'로 가정해 왔다고 말한다. 그 말대로라면 기존의 경제학은 신기루 같은 것이라고 해도 과언이 아니다. 아주 예외적인 존재를 기준으로 설정한 것이기 때문이다. 기존의 경제학은 보편적인 인간을 중심으로 설립된 것이 아니다. 차라리 관념으로 만든 경제학의 틀에 인간을 끼워 맞추려 애를 쓴 꼴이라고 말할 수도 있다. 탈러와 선스타인이 주장하고 있는 넛지 이론도 인간의 합리성에 대한 의문을 그 출발로 하고 있다.

넛지 이론은 크게 보면 '행동경제학(Behavioral Economics)'의 구체적 결과물이다. 행동경제학이란 심리학의 도움을 받아 인간의 비합리적인 면을 체계적으로 연구하자며 탄생한 새로운 경제이론이다. 그 이론은 이론이 지닌 관념적 냄새를 지우고 실제 현장을 중시한다. 영국 경제학자인 슈마허는 그 상황을 "빼어난 구두 수선공이 되려면 이제 구두를 잘 만드는 지식만으로는 부족하며 발에 관한 지식이 필요하다."라고 비유한다. 여기서 '발'은 물론 인간을 뜻한다.

원래 '넛지(nudge)'는 '팔꿈치로 슬쩍 찌르다' '주의를 환기시키다'라는 뜻의 영어 동사다. 탈러 교수가 행동경제학의 용어로 개념화한 '넛지'란 '타인의 선택을 유도하는 부드러운 개입'을 의미한다. 탈러와 선스타인의 넛지 이론은 정책 결정자가 공공 정책을 결정할 때도 적용된다. 정부가 합리적인 정책을 세운 후에 합리적으로 국민을 납득시키려고 애쓰기보다는 부드럽고 가볍게 개입하는 정도에서 그치는 것이 국민들에게 더 좋은 결과를 유도할 수 있다는 것이다. 그것이 이른바 '사회적 넛지'라는 것이다. 그의 책은 미국의 오바마 대통령이나 우리나라의 이명박 대통령도 애독하는 것으로 알려져 있다.

넛지 이론은 대중을 향해 합리적으로 설득하는 것보다는 인간이 지닌 충동적인 면, 비합리적인 면, 정서 등에 슬쩍 호소하는 것이 훨씬 효과적이라는 것을 그 골자로 하고 있다. 인간은 합리적인 면보다는 허점이 더 많기 때문이다. 예를 들면 화장실을 청결하게 유지하기 위해 훈계조로 공중도덕을 강조하거나, 화장실을 깨끗하게 하는 것이 결국 본인에게도 이익이 된다는 합리적 설명을 하기보다는 남성 소변기 중앙에 파리 한 마리를 그려 놓는 것이 보다 효과적이라는 것이다. 소변기의 파리 그림을 발견하고는 그곳을 조준, '집중 발사'를 하는 바람에 소변이 밖으로 튀지 않아 화장실이 청결을 유지하게 된다는 것이다. 나도 파리가 그려져 있는 화장실에서 파리를 향해 조준 발사를 해 본 적이 있기에 꼼짝없이 설득당할 수밖에 없는 주장이다.

책에 나와 있는 내용 한 가지만 더 소개하자. 미국 미네소타 주에서 실제로 있었던 일이다. 조세 담당자가 납세자를 네 그룹으로 나눈 뒤 각각 이런 안내문을 보냈다.

1) 여러분이 내는 세금은 교육, 치안, 화재 예방 같은 좋은 일에 쓰입니다.

2) 조세 정책을 따르지 않으면 처벌을 받게 됩니다.

3) 세금 용지 작성법에 대해 이렇게 도움을 드리겠습니다.

4) 이미 미네소타 주민의 90% 이상이 납세 의무를 이행했습니다.

그 네 개의 안내문 중 앞의 세 안내문은 비교적 합리적인 내용을 담고 있다. 그런데 가장 효과를 발휘한 것은 네 번째 안내문이다. "남들 다 냈는데, 나만 안 냈다니……" 하는 불안감이 세금을 내게 하는 효과를 낸 것이다. 납세자로 하여금 세금을 내도록 만든 것은 세금의 사회적 의미, 체납 후에 받게 될 처벌, 쉽게 세금 내는 방법 등 합리적인 이유가 아니다. 다분히 심리적이고 주관적인 감정이다.

경제·경영 분야에서 일고 있는 새로운 변화를 세상 전체의 커다란 변화와 연관하여 그 맥을 정확히 짚어낸 대표적인 사람의 이름을 들라면 나는 서슴없이 롤프 옌센의 이름을 들겠다. 덴마크의 미래 연구소장인 롤프 옌센은 자신의 저서이자 전매특허가 된 '드림 소사이어티(dream society)'의 개념을 한마디로 '머리(brain) 못지않게 가슴(heart)이 중요해진 시대'라고 정의한다. 그리고 그는 '노동은 얼마든지 기계와 컴퓨터로 대체할 수 있다. 오직 상상력만이 영원히 인간의 능력으로 남을 것'이라고 강조한다.

관리와 규율보다는 열정과 가치를 강조하는 글로벌 경영의 트렌드 변화를 읽고 일사불란한 조직보다는 창의적인 소수가 더 중요한 시대가 되었다고 서슴없이 말하는 옌센은 상상력을 중시하는 시대의 변화가 단순히 일시적 유행이 아니라 인간의 기본적 인식의 변화와 맥이 닿아 있음을 정확하게 짚어낸 사람이다. 그래서 그는 '영원히'라는 형용사를 사용한다. 그 형용사의 뜻대로라면 그가 말한 '드림 소사이어티'는 일시적으로 존재하게 될 사회가 아니다. 그 사회는 이제 겨우 걸음마를 시작한 사회이며 아주 오래 지속될 사회이다. 그런 의미에서 옌센은 미래학자이기도 하다. 따라서 롤프 옌센의 이야기에 귀를 기울이는 사람은 눈앞에서 일고 있는 변화를 허겁지겁 뒤따르는 사람이 아니라 미래에 능동적으로 대처하는 사람이 될 수 있다는 게 내 생각이다.

하지만 사람들은 그러한 변화 앞에서 아직 어리둥절하고 있는 경우가 많다. 심지어는 개인의 창의성이 강조되는 세상에서 살벌함을 느끼는 경우가 더 많다. 지구촌 전체의 글로벌화와 맞물려 무한 경쟁이 더 강조되기 때문이다. 레드 오션의 개념을 주창한 김위찬 교수는 그러한 우리의 불안감을 씻어 준다. 그는 "라이벌과의 경쟁을 포기하라. 경쟁에서 이기는 유일한 방법은 경쟁자를 이기려는 노력을 그만두는 것이다."라고 과감하게 말한다. 창의적 사고는 경쟁을 통해 나오는 것이 아니라는 것이다. 어떻게 그런 일이 가능할까?

역사상 인물 중에서 진정으로 창의적인 사람은 인류의 존경을 받는 사람이다. 존경을 받는 사람은 단순히 경쟁에서 이긴 사람이 아니라 새로운 가치를 창조해 내고 인류의 공익에 공헌한 사람이다. 그래서 그는 진정한 혁신이란 '경제활동을 통해 얻은 이익과 그것이 지닌 실질적 가치와 그것이 인류와 사회에 공헌할 수 있는 역할을 동시에 맺어 줄 때만' 가능하다고 말한다. 요컨대 블루 오션이란 남에게 이기겠다는 경쟁력을 가지고 보다 효율적인 방법을 추구하는 전략이 아니다. 그는 단호하게 말한다. "블루 오션은 사고(思考)의 패러다임이자, 사고방식(way of thinking)에 관한 전략입니다. 혁신의 마인드 세트(마음가짐)를 제시해 주지요."라고.

블루 오션의 전략은 "인간은 이익을 추구하는 합리적 동물이다."라는 호모 에코노미쿠스의 개념을 정면으로 부정한다. 그런 의미에서 블루 오션이라는 개념 자체가 이미 블루 오션이다. 그의 블루 오션 전략은 상품의 품질 혁신만으로는 성립하지 않는다. 상품도 좋아야 하지만, 기업이 고객과 사회에 보내는 답례도 있어야만 한다. 그래야만 기업이 지속 가능하다. 기업이 고객과 사회, 더 나가 인류 전체를 향해 공헌을 해야 하는 것은 단순히 도덕적 이유 때문이 아니다. 돈을 벌었으면 그 돈을 벌게 해 준 고객들을 향해 보답을 해야 하기 때문이 아니다. 그는 가진 자가 없는 자를 향해 베푸는 자선심을 가지라고 권하고 있는 것이 아니다. 기업을 하려면 그런 무거운 짐을 져야만 한다는 당위적 요구를 하고 있는 것이 아니다. 그의 블루 오션 전략은 우리에게 호모 에코노미쿠스라는 좁은 틀에서 벗어나(경쟁의 마인드) 모두 윈·윈(win win)할 수 있다는 새롭게 열린 마음가짐을 갖기를 권한다. 상생의 마인드는 이 살벌한 세상에서 우리를 경쟁에서 뒤처지게 만드는 것이 아니다. 상생의 마인드는 오히려 우리의 상상력을 자극하고 창의적 사고를 가능하게 한다. 그의 블루 오션 전략은 새로운 경영의 마인드는 따뜻하고 건강한 마인드일 수밖에 없고 그래야 성공이 가능하다는 것을 우리에게 아주 설득력 있게 보여 준다.

그 외에도 "인간은 합리적 동물이다."라는 명제를 부정하고 인간의 감성과 불합리성을 강조하거나, 유일한 원칙을 부정하고 유연한 태도를 갖기를 권하는 경제·경영학의 새로운 발상들은 많다. 단 하나의 합리적 모델은 존재하지 않는다며 무소불위의 비즈니스 전략보다 (만병통치적인 비즈니스 전략이 존재하며, 환경이 아무리 달라지더라도 그 전략대로 모든 것이 움직인다면 얼마나 좋겠는가?) 다양한 비즈니스 모델을 강조하는 요즈음의 경향들도 그에 속한다. 또한 우리가 앞에서 살펴본 사람들의 또 다른 발언들, 예컨대 "미래 기업의 구성원들은 말 많고 탈 많은 스톡옵션보다 조직의 인정과 개인의 명예를 얻는 것을 더 중요시할 것"이라는 롤프 옌센의 용감한 발언, "환경을 주어진 상수가 아니라 변수로 인식하고 환경을 뛰어넘어 환경 자체를 재구축하는 마인드 세트가 블루 오션의 핵심"이라는 김위찬 교수의 당찬 발언 등등은 이 세상이 합리성이라는 유일한 원칙에 의해 움직이는 것이 아니라 우리의 상상력에 의해 얼마든지 변화가 가능하다는 것을 증명하고 있는 발언들이다.

"인간은 합리적이지 않다."라고 말하는 것은 "인간은 비합리적이다."라고 말하는 것과는 다르다. 그것은 인간에 대한 사고의 큰 틀을 바꾸자는 이야기이다. 단 하나의 유일한 원칙을 의심하자는 말이다. 그 원칙에 의해 소홀하게 여겼던 부분에 눈을 다시 돌리자는 것이다.

그렇게 되면 당신은 우선 자유로워진다. 당신의 어깨를 짓누르던 아인슈타인, IBM 컴퓨터, 간디로부터 자유로워진다. 그리고 그 무거움에 짓눌려 기를 펴지 못하던 것이 살아난다. 진정으로 자유로워지려면 우선은 합리니 비합리니 하는 단어, 심지어는 상상력이라는 단어조차도 던져 버려라. 단지 자신도 모르게 하찮게 여겼던 것들, 황당하게 여겼던 것들, 의미가 없다고 생각했던 것들, 금기시했던 것들에 빠져들 준비를 하라. 그것들과 놀면서 즐겨라. 그것들이 아주 놀라운 힘을 발휘하며 당신의 창의력을 북돋울 것이다.

그렇게 조금은 자유로워질 준비가 되었다면 우선 꿈을 가지고 놀아 보기로 하자. 당신이 가장 하찮게 생각했던 것, 황당하게 생각했던 것들의 목록 중에서 으뜸으로 놓을 수 있는 것이 바로 꿈이기 때문이다. 상상력의 시대는 무엇보다 꿈의 시대이다.

제2장

나는 꿈꾼다,
고로 나는 창조한다

꿈은 즐거움의 산물이다

"꿈과 감성이 지배하는 시대가 되돌아오고 있다."

_『드림 소사이어티』(롤프 옌센)

창조의 비밀, 꿈

꿈이 만드는 문화

돼지꿈을 꾸고 복권을 사 본 적이 있는가? 무언가 불길한 꿈을 꾼 후에 가족들에게 오늘 하루 조심하라고 이야기해 본 적이 있는가? 당신이나 가족의 운세에 대해 점을 쳐 본 적이 있는가?

만일 당신이 그런 경험이 없다고 대답을 한다면 당신은 당당한 합리주의자이다. 합리주의자는 논리적으로 추론할 수 있고 증명할 수 있는 것 외에는 믿지 않는 사람이다. 직접 확인할 수 있는 것 외에는 믿지 않는 사람이다. 당신이 진정으로 합리주의자라면 무슨 그런 쓸데없는 질문을 하느냐고 힐난의 눈초리를 보낼지도 모른다.

하지만 정말 솔직하게 털어놓아 보자. 정말로 그런 경험이 없는가? 그런 건 믿지 않는다고 자신 있게 말할 수 있는가? 꿈이나 점을 믿는다면 혹시 어리석은 사람 취급을 받을까 봐 아니라고 대답한 것은 아닌가? 적어도 우리나라 사람이라면 정말 꿈을 믿지 않는다고 태연하게 말하기는 어렵지 않을까?

실제로는 대부분의 사람들이 꿈을 믿는다. 적어도 우리나라 풍토에서는 그러하다. 하지만 자신 있게 꿈을 믿는다고 말하는 사람은 드물다. 우리는 꿈은 비현실적이고 황당하다고 말하면서도 실제로는 꿈에 의미가 있다고 믿고 그렇게 행동한다. 우리가 꿈에 의미가 있다고 믿는다는 사실은 '개꿈'이라는 단어가 존재한다는 것만 보아도 알 수 있다. 개살구가 있으면 진짜 살구가 있듯이 개꿈이 있으면 진짜 꿈도 있다. 우리가 개꿈이라는 단어를 사용하는 것은 진짜 꿈이 존재한다고 믿기 때문이다. 최소한 "젊은이여 꿈을 가져라."라는 말을 하면서 꿈에 의미가 있음을 인정하고 있지 않은가.

이제 과감하게 말하자. 꿈에는 의미가 있다. 자신 있게 꿈에 대해 말하고 보다 잘 꿈꾸기 위해 노력하라. 그런데 서구인은 그런 말을 자신 있게 하기까지 너무 오랜 시일이 걸렸다. 그들의 합리주의적 전통 때문이다.

합리주의적 원칙을 신봉하는 사람에게 꿈보다 황당하고 하찮은 것은 없다. 꿈에는 무엇보다 논리도 없고 일관성도 없기 때문이다. 논리도 없고 일관성도 없는 것 속에 한 조각의 진리인들 들어 있을 수 있겠는가? 그런 사람에게 꿈은 황당한 것일 뿐 아무런 의미가 없다. 그렇기에 꿈은 비현실적이다. 그러니 합리적 원칙과 현실적 가치를 중시하는 경영학이나 경제학에서 꿈이 설 자리는 전혀 없어 보인다. 그런데 롤프 옌센은 자신의 저서에 아예 '드림 소사이어티'라는 타이틀을 내건다. 도대체 무슨 변화가 일어난 것일까? 어떻게, '꿈은 무의미한 것'이라는 푸대접에서 벗어난 정도에서 그치는 것이 아니라 꿈이 아예 미래 사회의 동력으로 여겨지는 일이 벌어지게 된 것일까? 그리고 만일 꿈이 그토록 중요한 것이라면 우리는 어떻게 꿈을 꾸어야 할까? 우리 속의 무엇이 우리로 하여금 꿈을 꾸게 하는가? 도대체 꿈은 무슨 기능을 갖는 것일까?

문화의 탈을 쓴 동물적 욕망 – 프로이트

서구인은 마치 어둠속을 더듬거리듯이 꿈의 의미를 발견하는 과정을 겪었다. 꿈을 경시하는 합리주의의 억압이 하도 컸기 때문이다. 그 더듬거리는 과정에서 절대 빼놓을 수 없는 이름이 바로 프로이트이다. '정신분석학'이라는 학문을 세운 사람으로 유명한 프로이트는 "꿈에는 의미가 있다."라고 주장하면서 새로운 인간 이해에 한 획을 그은 사람이다.

프로이트에 의하면 인간은 쾌락원칙과 현실원칙 사이에서 찢기고 있는 존재이다. 그리고 그 쾌락원칙을 지배하고 있는 것이 바로 인간의 성적(性的) 충동이다. 그가 '리비도(Libido)'라고 일컬은 인간의 성적 충동은 그 힘이 하도 절대적이라서 인간의 이성이나 의지로 아무리 억누르려고 해도 누를 수가 없다.

그러나 그 성적 충동의 힘이 아무리 절대적이라고 해도 그 충동은 있는 그대로 완벽하게 충족되거나 표현될 수 없다. 현실원칙의 억압이나 검열이 너무 심하기 때문이다. 인간에게는 쾌락원칙 외에 현실원칙도 존재한다. 그리고 현실원칙은 성적인 욕망이 절대로 표출될 수 없도록 억압하고 검열한다. 아무리 억누르려 해도 억누를 수 없는 성적인 충동의 절대성, 그리고 그러한 성적인 충동은 절대로 현실 속에서 발현되면 안 된다는 억압과 검열의 절대성! 프로이트에 의하면 그러한 모순이 인간의 숙명이다. 그래서 그 두 절대적인 힘 간의 대립의 흔적이 인간의 모든 표현, 심지어는 인간이 그토록 자랑스러워하는 인간의 모든 문화, 제도에도 각인되어 있다는 것, 그것이 바로 프로이트의 생각이었다.

그렇다면 그러한 성적 충동은 어떻게 현실적 억압을 뚫고 표출될 수 있는가? 그 상황을 쉽게 이해하려면 폭압적인 독재 사회에서 그 독재에 강력하게 저항하는 반체제 활동을 머리에 떠올리면 된다. 가장 적극적이고 정상적인 방법은 뛰어난 변장술을 발휘하는 것이다. 반체제적인 위험한 생각을 전혀 그렇지 않은 것처럼 위장해서 버젓이 표현하는 것이다. 하지만 탄압이나 처벌이 너무 심한 경우에는 여의치 않은 방법이다. 그때 할 수 있는 것이 지하 활동이나 게릴라 활동이다. 그리고 틈을 보아서 테러 등의 방법으로 욕구를 폭발시키는 것, 그것이 또 다른 방법이다.

프로이트의 정신분석학에 의하면 정상적인 인간의 삶이란 완벽한 변장술을 터득한 삶이다. 그래서 이른바 정상적인 삶을 살아가는 사람들에게서는 본능적인 리비도의 모습을 쉽게 찾아볼 수 없다. 그러나 그렇다고 해서 정상적인 사람들의 표현이나 삶 속에서 리비도가 완전히 사라진 것은 아니다. 마치 리비도가 아닌 것처럼 완벽하게 위장을 하고 활동하고 있을 뿐이다.

프로이트에게 있어 꿈이란 그 검열이 약해진 틈을 타서 리비도가 강력하게 폭발한 현상이다. 즉, 억압된 성적인 욕망이 마치 지하활동을 하는 레지스탕스처럼 무의식 속에 숨어 있다가 밖으로 표출된 것이다. 그래서 꿈을 자세히 들여다보고 분석하면 한 사람의 행동과 표현을 지배하는 원초적 동력을 쉽게 파악할 수 있다.

프로이트의 정신분석학은 이후 한 사회 전체의 욕망의 구조를 밝히는 데까지 여러 분야로 확장되고 세련된 틀을 갖추었지만 그가 애초에 꿈을 분석하게 된 것은 정신병 환자의 치료를 위해서였다. 의식 속에 감추어 있다가 꿈을 통해 표출된 무의식을 들여다보고 그를 통해 성적인 충동이 정상적 변장술을 터득할 수 있도록 돕기 위해서였던 것이다. 그의 견해대로라면 꿈은 무의미한 것이 아니다. 꿈은 정상적인 활동 속에서는 찾아내기 어려운, 한 인간의 심리와 정신 전체의 메커니즘을 밝힐 수 있는 아주 중요한 열쇠가 된다.

프로이트는 꿈에 의미를 부여하면서 인간과 인간이 이룩한 문화를 새롭게 이해할 수 있는 계기를 마련한다. 그의 말대로라면 겉보기에 합리적으로 보이는 인간의 활동이나 표현은 말 그대로 합리적인 것은 아니다. 지극히 의식적이고 합리적인 것처럼 보이는 인간의 모든 행동과 표현 뒤에는 무의식적인 성적 욕망이 얼룩져 있는 것이다. 그의 새로운 꿈 해석은 인간 이해에 깊이를 부여한다. 그리고 밝은 의식의 뒷면, 저 깊은 곳에는 언제나 어두운 그림자가 존재한다는 것, 인간은 인간이 타고난 동물성과 완전히 결별하는 것이 불가능하다는 것을 보여 줌으로써 사람들에게 큰 충격과 위안을 준다.

무슨 위안? 한번 생각해 보자. 인간은 합리적인 동물이므로 합리적으로 생각하고 행동해야 한다는 것이 보편적인 상식이자 인식으로 확립된 사회에서 많은 사람들은 부끄러움과 자책을 느낀다. 얼마나 많은 사람들이 '나는 사람이 아니라 짐승인가 봐.'라며 위축되었을까. 그런 사람들에게, 모든 사람들의 내부에는 동물적 욕망이 꿈틀거리고 있으며 아무리 합리적인 사람도 그 욕망의 지배를 받고 있다고 말해 주었으니 얼마나 위안이 되었을까. 남들도 나와 별로 다르지 않다는 사실을 알았을 때 우리는 커다란 위안을 느끼기 마련 아닌가.

프로이트의 첫 번째 공로는 꿈에 의미를 부여함으로써 인간의 정신활동을 인간이 지닌 동물적 본능과 연결시켰다는 데 있다. 하지만 그보다 더 큰 공로는 외부로부터 주어지는 합리적 질서와 가치보다는 자신의 내면적 욕구에 더 강렬한 유혹을 느끼던 모든 사람들에게 숨 쉴 공간을 마련해 주었다는 데 있다. 프로이트의 정신분석학이 미술이나 문학에 큰 영향을 주어 초현실주의 운동의 초석이 된 것은 그 때문이다. 예술가들이야말로 자신의 내면의 욕구에 귀를 기울이는 사람들이 아닌가? 그래서 그들을 창의적이라고 부르는 것이 아닌가?

그런데 우리는 그러한 창의성이 예술가들에게만이 아니라 일반인들에게도 요구되는 세상에 살고 있다. 상상력의 시대는 예술가들에게만 창의성을 요구하지 않는다. 경영자뿐만이 아니라 모든 직장인과 소비자에게도, 심지어는 상상력과 거리가 멀어 보이는 자연과학자나 공학도에게도 창의성을 요구한다. 예술가뿐만 아니라 일반인들에게도 자신의 내면의 욕구에 귀를 기울일 것을 요구한다. 프로이트가 인간의 주관적인 욕망에 의미를 부여하고 거기에 긍정적인 가치를 부여할 수 있는 단초를 마련했다면 이제는 그 주관적인 욕망이 보편적인 가치가 되려는 세상을 우리는 살고 있다. 하지만 주관적인 욕망과 꿈이 보편적인 가치와 의미를 지니기에는 프로이트의 정신분석 이론만으로는 불충분하다. 꿈이 보다 긍정적이고 적극적인 의미를 갖기 위해서는 프로이트 이후, 프로이트와는 다른 관점에서 인간의 꿈, 상상력을 해석한 사람들의 업적이 필요했다.

사실 우리가 프로이트의 견해를 그대로 받아들이기에는 무언가 석연치 않은 점이 있다. 우리는 그의 이론을 이해하기 위해 독재사회를 예로 들었다. 그의 정신분석학 이론에서의 현실과 욕망의 관계가 독재 사회와 거기 살고 있는 반체제주의자들의 경우와 딱 들어맞았기 때문이다. 그러나 그의 이론이 독재사회의 예에 딱 부합한다는 사실이 오히려 그의 이론의 보편성을 의심하게 만든다. 인간의 사회는 필연적으로 독재사회일 수밖에 없는가? 그것은 예외적인 사회가 아닌가? 정상적인 사회란 그 구성원을 모두 레지스탕스로 만드는 것이 아니라 그 사회 안에서 어느 정도 건강하게 숨을 쉴 수 있도록 만드는 것 아닌가? 실사 지독한 독재사회라 할지라도 그 체제를 옹호하는 사람은 존재하게 마련 아닌가?

우리는 변장을 거부한다 – 융

프로이트에 대하여 우리가 품은 것과 비슷한 의문을 품은 사람이 바로 칼 구스타프 융이라는 심리학자이다. 그의 심층심리학에 의하면 현실은 반드시 인간의 욕망을 억압하지 않는다. 그가 새로운 꿈 해석을 시도하게 된 것은 구체적 임상 실험 결과에 의해서였다. 사람들의 꿈의 내용을 자세히 들여다보니 꿈이 억압과 검열의 결과이기는커녕 내부에 지니고 있는 욕망이 건강하게 발현된 경우가 더 많았던 것이다. 심지어 꿈은 미래에 벌어질 일을 예견하는 기능을 가진 경우도 있었다.

융은 집단무의식, 원형 등의 개념을 사용하여 프로이트와는 전혀 다른 꿈의 해석을 시도한다. 물론 그도 리비도라는 개념을 사용한다. 하지만 그는 리비도를 성적인 충동의 뜻으로 사용하지 않는다. 그는 리비도를 인간이 지니고 있는 보편적인 심리적 에너지라는 뜻으로 사용한다. 그리고 그 에너지는 단 하나가 아니라 여럿이라는 것이다. 그리고 바로 거기에서 프로이트와 융의 결정적인 차이가 드러난다.

하지만 우리는 여기서 융이 주장한 내용을 길게 살펴보지는 않을 것이다. 다원주의의 의미에 대해서 우리는 후에 자세하게 살펴보게 될 것이며 그때 융의 심층심리학의 내용을 일별할 기회가 있을 것이기 때문이다. 단지 융의 생각을 따르면 건강한 정신이나 건강한 사회란 변장술에 능한 정신이나 사회가 아니라 그 다원적인 욕망들이 균형을 취할 수 있는 정신이자 사회, 역동적으로 조화를 이룰 수 있는 정신이자 사회가 된다는 사실만 지적하기로 하자. 우리가 프로이트의 정신분석학을 이해하기 위해 들었던 예를 다시 들어 본다면, 융의 이야기는 인간의 사회가 모두 독재사회는 아니지 않느냐고 말하는 것과 같다.

융의 심층심리학에 의해서 인간의 사회나 문화, 그리고 인간의 작품은 인간 욕망의 긍정적 발현체가 된다. 얼핏 보기에 정말 단순해 보이지만 그 생각은 서구의 합리주의적인 전통으로부터 한없이 멀어진 발상이다. 합리주의 사회는 인간의 근원적 욕망을 부정하는 사회이다. 합리주의적 사고에서 인간이 지닌 욕망은 동물적 본능에 가까운 것이 된다. 그러니 인간다운 인간이 되려면 인간의 이성의 힘으로 그 동물적 욕망을 정복하고 길들여야만 한다. 서양의 역사가 자연을 정복해 온 역사라는 말의 의미는 바로 거기에 있다. 자연을 의미하는 nature라는 단어에는 본능, 본성이라는 뜻도 들어 있는 것이다. 그렇기에 지나치게 합리성을 강조해 온 서구 사회는 오히려 균형을 상실한 병든 사회라는 융의 지적이 가능해진다. 인간의 사회가 인간의 구체적 욕망이 사라진 사회, 기계적 합리성만이 지배하는 사회가 된다면 그 사회는 효율적인 사회는 될지 몰라도 인간의 체온이 사라진 로봇의 사회와 무엇이 다르겠는가? 조지 오웰이 『1984년』이라는 소설을 통해 고발한 사회가 바로 그런 사회이다.

프로이트는 합리주의자들이 그토록 자랑하는 인간의 문화에 동물적 욕망이 변장한 채 숨어 있다고 말했다. 융은 한 걸음 더 나아가 인간의 모든 문화는 인간의 욕망이 구체적으로 실현된 것이라고 말했다. 그들은 공통적으로 인간 내부에서 꿈틀거리는 그 욕망은 사라지지 않은 채 꿈이라는 형태로 나타난다고 주장했다. 하지만 그 꿈이 상상력이라는 인간의 중요한 정신활동으로서 가장 적극적인 의미를 부여받게 되는 것은 '상상력의 코페르니쿠스적 혁명'을 이룩한 바슐라르에 이르러서이다.

인간은 꿈꾸기 위해 세상에 태어났다

바슐라르의 몽상할 권리

바슐라르에 의해 꿈은 상상력이라는 한결 격상된 지위를 획득하게 된다. 그리고 그의 업적에 의해 인간의 상상력은 인간의 중요한 인식 기능으로 단번에 그 지위가 격상된다. 합리주의자들에게 상상력이란 인간을 오류에 빠지게 만드는 부정적인 기능을 갖고 있을 뿐이었다. 하지만 바슐라르는 상상력이 인간의 그 어떤 인식 기능보다 원초적이라는 것, 인간이 이룩한 문화는 모두 상상력의 산물이라는 것을 확실하게 보여 준다. 그의 생각을 쉽게 이해하기 위해 한 가지 예를 들어 보기로 하자.

오늘날의 인류의 문명을 가능하게 만든 요소로서 빠짐없이 거론되는 것들 중의 하나가 바로 '불'이다. 불을 발견하고 다루게 되면서 인간은 짐승의 단계에서 벗어나 비로소 인간의 길을 걷게 되었으며 불을 다루는 기술의 차이가 문명과 야만의 차이를 낳았다는 것이 일반적인 상식이다. 그렇다면 인류는 어떻게 불을 발견하고 불을 계속 피울 수 있었던 것일까?

그에 대한 일반적 상식은 이렇다. 프레이저라는 인류학자가 『황금가지』라는 책에서 주장하고 있는 내용이다.

어느 날 인류의 조상들이 살고 있던 숲에 불이 난다. 그들은 다른 짐승들과 함께 도망을 간다. 이윽고 불이 꺼지자 우리 조상들은 호기심에 불이 났던 장소로 되돌아간다. 그리고 그곳에서 미처 도망가지 못하고 불에 타 죽은 짐승들을 발견한다. 냄새도 좋았고 먹어 보니 날고기보다 맛도 좋았으며 먹기에도 편했다. 즉, 불이 아주 유용하다는 것을 알게 된 것이다. 우리 조상들은 그 유용한 불을 피우는 법을 자연에서 보고 배운 후에 불을 다양한 용도로 사용할 줄 알게 된다. 그리고 인류의 자랑스러운 문명이 시작된다. 이것이 프레이저의 가설이다.

하지만 바슐라르는 프레이저의 가설을 조목조목 반박한다. 우선 우리의 조상이 불이 난 곳으로 되돌아갔다는 가설 자체가 틀렸다는 것이다. 소유 개념도 없었는데 도망간 곳에서 그냥 지내지 무엇 하러 되돌아갔겠느냐는 것이다. 거의 벌거벗고 지냈기에 기후 변화에 얼마든지 적응할 수 있었던 조상들이 설마 불을 쬐려고 돌아갔을 리도 없고 말이다.

그러나 프레이저의 가설 중에 결정적인 결함은 인류가 불 피우는 법을 자연에서 배웠다는 데에 있다. 만일 인류가 자연에서 불 피우는 법을 배웠다면 인류가 최초로 만든 불 피우는 도구는 응당 충격에 의한 것이어야 한다. 하지만 우리의 조상이 만든 불 피우는 도구는 충격이 아니라 마찰에 의한 것이다. 그리고 마찰에 의해서 불이 생겨나는 현상은 자연 속에서 관찰이 불가능한 현상이다. 그렇다면 불 피우는 법은 어떻게 배우게 된 것일까?

바슐라르의 설명을 하나의 이미지로 그려 보자.

불을 발견하게 된 인류의 조상 앞에 불을 피우는 도구가 놓여 있다. 그 도구는 홈이 파여 있는 암나무와 막대기 모양의 수나무로 되어 있다. 그는 그 앞에서 지그시 눈을 감고 성적인 몽상에 빠진다. 그리고 천천히 그 몽상을 행동에 옮기기 시작한다. 두 손으로 막대기를 쥔 채 그 막대기를 암나무의 홈에 대고 살살 비비기 시작한다. 그러는 동안 입으로는 흥얼흥얼 콧노래가 새어나오고 상체는 리드미컬하게 움직인다. 얼굴에는 더없이 행복한 표정이 떠오른다. 그 시간은 아주 긴 시간이다. 하지만 조급하거나 지루한 시간이 아니라 행복에 젖은 시간이다. 이윽고 홈에서 불이 피어나기 시작한다. 우리의 조상의 내면에서 타고 있던 사랑의 불, 행복의 불이 나무에 옮겨 붙은 것이다.

그 이미지대로라면 불이라는 현상은 우연히 자연 속에서 보고 배운 것이 아니라 인간의 내면에서 필연적으로 타고 있던 불이 밖으로 옮겨 붙은 현상이다. 바슐라르의 이야기를 통해 우리가 그려 본 것은 아주 간단한 이미지이지만 그 이미지는 인간에 대해, 인간의 사회에 대해, 인간이 이룩한 문화에 대해 우리가 품고 있던 생각을 온통 뒤집어 버리기에 충분하다.

한마디로 인간이 이룩한 모든 문화는 유용성의 산물이 아니라 즐거움의 산물이라는 것이다. 인류는 현실적 필요에 의해 도구를 만들고 이용해 온 것이 아니라 인류가 만든 모든 도구에는 행복에의 꿈이 동력으로 작용하고 있다는 것이다. 즐거움의 원칙이 먼저이고 효용성은 다음에 온다는 말이다.

바슐라르는 불의 발견과 관련된 혁명적인 발상을 우리에게 소개한 후에 덧붙였다. 인류의 조상에게 입은 말을 하기 위한 기관이 아니라 노래를 위한 기관이며 손은 애무를 위한 기관이었다고. 그 모든 것은 원래 인간을 행복하고 즐겁게 하기 위해 존재하는 것이라고. 따라서 인류의 조상은 틈만 나면 행복을 꿈꾸었으며 그들은 쉽게 꿈에 빠질 줄 알았다고. 그의 말대로라면 인간이 지구상에서 건립한 모든 창의적인 도구들, 더 나아가 모든 문화는 즐겁고 행복한 꿈의 산물이 된다.

바슐라르는 자신이 주장한 행복한 꿈의 개념을 프로이트가 주장한 꿈과 구별하기 위해 몽상이라는 단어를 사용했다. 바슐라르가 말하는 꿈은 현실 원칙에 의해 억압되었던 욕망이 분출된 것이 아니다. 그 꿈은 의식 내부에 숨겨져 있던 무의식이 발현된 것도 아니다. 그 꿈은 우리의 의식이 잠들었을 때 꾸는 꿈도 아니다. 그 꿈은 깨어 있을 때 우리를 찾아오는 꿈이다. 즉, 그 꿈은 잠든 꿈이 아니라 깨어 있는 꿈이다. 몽상(夢想, reverie)이라는 단어는 꿈(rêve)과는 달리 꿈과 생각의 결합으로 되어 있다. 따라서 꿈도 우리의 의식의 활동이 된다. 우리를 꿈꾸게 하는 것은 잠들어 있던 우리의 무의식이 아니라 언제고 활동하고 있던 우리의 또 다른 의식이다.

그 의식이 어떠한 것인가를 알기 위해서, 즉 우리 내부의 어떤 의식이 우리를 꿈꾸게 하는가를 알기 위해서는 바슐라르의 다음과 같은 말을 이해하는 것으로 족하다. 그는 "똑같이 객관적 결과를 얻기 위해 똑같은 재료를 가지고 작업을 하더라도 원시인과 교양인처럼 그 마음 상태가 전혀 다른 상대에게는 그 주관적 의미가 다르다. 원시인에게 사고(思考)가 집중된 몽상이었다면 교양인에게 몽상은 이완된 사고이다."라고 말했다.

이해를 쉽게 하기 위해 교양인을 현대인으로 바꾸어 보자. 바슐라르의 말대로라면 인간의 의식에는 두 종류가 있다. 하나는 그 무언가에 집중하는 의식이고 다른 하나는 풀어헤쳐진 의식이다. 하나는 대상이 되는 물질에 집중해서 그것을 분석하고 따지는 데 익숙하고 다른 하나는 몽롱한 가운데 그 물질에 자신의 행복한 몽상을 담아내는 데 익숙하다. 그런데 인류의 조상은 몽상에 익숙하다. 반대로 현대인은 분석에 더 익숙하다. 달리 말한다면 인류의 조상에게는 사고를 하는 것이 힘들었고 현대인은 몽상에 빠지는 것이 힘든 일이 되었다고 이해하면 된다. 따라서 몽상하는 의식은 현대인에게는 이제 낯선 것이 되어 버렸지만 본래 인간이 지니고 있던 보다 원초적인 의식으로 이해하면 된다.

왜 현대인은 몽상에 빠지는 것이 어려워졌는가? 왜 몽상을 하는 원초적 능력을 상실했는가? 한마디로 말한다면 모든 것을 유용성의 관점에서만 바라보기 때문이다. 모든 것을 현실적 필요의 관점에서 바라보기 때문이다. 현대인은 어떤 대상이나 물체가 주어지면 곧바로 "어디에 쓰는 물건인고?"라고 묻거나 '어떻게 하면 쓸모 있는 걸 만들 수 있을까?'라고 고민한다. 그러한 고민 가운데 인간은 분석 능력이 향상되고 영리해진다. 하지만 거꾸로 행복을 추구하는 능력, 일과 즐거움을 함께 추구할 수 있는 능력은 감소한다.

유용성과 현실성에 너무 몰입해 있으면 우리에게서 꿈을 꿀 능력이 사라진다. 바슐라르의 견해대로 꿈은 인간에게 원초적인 것이며 인간은 누구나 꿈을 꿀 권리를 가지고 태어난다. 합리주의적 교양으로 무장된 사회는 그 꿈을 하찮은 것으로 경시하거나 억압한다. 그 원초적 권리인 꿈을 억압하면 인간이나 사회는 건강한 생명력을 상실한다. 인간뿐만 아니라 모든 동물이 그러하다.

꿈이 정상적인 삶에서 필수적이라는 사실을 실증적으로 확인하기 위해 프랑스의 임상의학자인 미셸 주베 교수가 고양이를 대상으로 행한 실험을 예로 들어 보자. 그는 고양이에게서 꿈을 빼앗아 버리면 그 고양이는 노이로제에 걸리고 불면증에 빠지며 환각에 사로잡힌다는 사실을 실험으로 증명해 냈다. 그런 실험이 어떻게 가능할까?

물을 가득 채운 양동이에 미끄러운 반구 모양의 섬 같은 것을 띄

워 놓은 후 잠들어 있는 고양이를 그 위에 살짝 올려놓는다. 깊은 잠에 빠져 있을 때도 고양이는 그 위에서 안전하게 잠을 잘 수 있다. 몸자세의 통제 기능이 그대로 유지되어 균형을 취할 수 있기 때문이다. 하지만 꿈을 꾸자마자 고양이는 균형을 잃고 물속으로 떨어져 잠에서 깨어나게 된다. 꿈을 꾸는 상태에서는 온갖 근육 조직이 이완되어 균형을 잡을 수 없기 때문이다. 그러니 그 간단한 실험은 고양이에게서 꿈을 빼앗는 실험인 셈이다. 그 결과 고양이는 금방 무서운 환각에 시달리게 되고 갑자기 아드레날린을 방출하여 신경질과 공격성을 보이고 노이로제 증상을 보인다. 사람에 대하여 실험을 해도 결과는 마찬가지이다. 사람을 물에 빠뜨리는 대신 가벼운 전기 자극을 준다거나 종을 울려서 꿈을 방해하는 것이다. 그러면 그도 같은 종류의 교란 상태에 빠진다. 즉, 꿈은 정상적인 생명력의 일부를 구성하고 있는 것이다.

꿈을 잘 꾸기 위해 굳이 잠들 필요는 없다. 우리가 가진 즐거움의 본능을 깨우기만 하면 된다. 즐거움에 집중하여 우리의 잠든 원초적 본능을 깨우기만 하면 된다. 하지만 쉽지는 않다. 우리는 분석하는 데 익숙해 있기 때문이다. 우리는 유용성을 따지는 데 익숙해 있기 때문이다. 우리는 현실적 가치를 따지는 데 익숙해 있기 때문이다. 그래서 우리 인류의 조상에게는 가장 일상적이고 쉬웠던 일이 우리 현대인에게는 아주 어려운 일이 된다. 그래서 나는 바슐라르와는 다르게 이렇게 말하고 싶다. "현대인에게 몽상은 집중화된 의식이다."

그렇다. 우리가 행복을 느끼려면, 우리가 하는 일에서 즐거움을 느끼려면 우리를 자연스러운 상태로 놓는 것으로는 불충분하다. 자연스러운 상태에서 우리는 무의식적으로 현실적이 되기 때문이다. 우리가 우리에게 원초적으로 주어진 행복의 능력을 제대로 발휘하기 위해서는 집중이 필요하고 몰입이 필요하다. 그 어떤 유용성에서도 벗어난 자유로운 상상력이 발휘되도록 집중하는 것이 필요하다.

그때 우리가 갖고 노는 대상은 그것이 이미 지니고 있던 가치와 의미를 벗어 버리고 새로운 존재로 태어난다. 새로운 것이 보이며 새로운 것이 만들어진다. 그게 창의성이다. 그런 창의성의 산물이 현실적으로 아주 유용한 것이 될 수 있다면 그 또한 좋은 일이 아니겠는가?

꿈꿔라, 마음껏 즐겨라

개미와 베짱이 그리고 스티브 잡스

이제 우리는 롤프 옌센이 왜 "꿈과 감성이 지배하고 있는 시대가 되돌아오고 있다."라고 말했는지 정확히 이해할 수 있게 되었다. 다시 말하지만 합리주의 원칙이 오랫동안 지배해 온 서구에서 가장 하찮게 여기고 억압해 온 것이 바로 꿈이다. 경영학이나 경제학은 "인간은 합리적 동물이다."라는 원칙에 충실해 있는 동안 바로 그 근본적인 권리를 빼앗긴 인간의 모습을 정상적인 모습으로 보아 온 셈이다.

꿈이 지배하는 세상이란 완전히 새로운 세상이 아니다. 꿈이 지배하는 세상은 우리가 잃어버렸던 패러다임을 다시 찾은 세상, 인류가 본래 지녔던 건강성을 되찾은 세상이라고 말하는 것이 차라리 옳을 것이다. 그러니 꿈과 감성이 지배하는 시대는 21세기를 맞이하여 처음으로 온 시대가 아니다. 그 시대는 인간의 원래의 모습이 되돌아오는 시대이며 인간을 근본적으로 성찰하는 시대이며 인간이 자생적으로 건강성을 회복하기 위하여 노력하는 시대이기도 하다. 롤프 옌센이 "개인의 삶에서 일과 놀이의 구분이 없어지고, 직장은 제2의 가정이 될 것이며, 일은 '힘든 재미'가 될 것"이라고 주장하는 것은 당연하다.

이제 우리는 인간의 비합리적인 면을 주목하고 강조하는 새로운 경제·경영학자들의 한켠에서 일에서의 즐거움과 행복을 강조하는 사람들이 함께 나타나고 있는 이유를 이해할 수 있게 된 셈이다.

인적자원 개발회사의 회장직을 수행하고 있는 브라이언 트레이시는 "성공하기 위한 첫 번째 법칙은 진정으로 행복한 일을 찾는 것"이라고 주저하지 않고 말한다. 또한 위키피디아의 창업자인 지미 웨일스는 "나는 다만 흥미롭고 재미있는 일만 해왔을 뿐이다."라고 어찌 보면 사람들 약 오르게 하는 소리를 한다. 또한 롤프 옌센은 『드림 소사이어티』에서 "소비자들은 재미와 스릴, 사랑, 윤리적 자부심 같은 정서적 만족을 원하고 있다."라고 말한다. 생산자뿐만 아니라 소비자도 자신이 구입하는 상품을 통해 효용성보다는 정서적 즐거움을 더 우선시 한다는 자신감에 찬 발언이다.

그뿐인가. 미국 스탠퍼드대 경영대학원의 제프리 페퍼 교수는 "혁신적인 생각을 하는 시간을 하루 일과에 포함시켜라. 직원들이 매일 적어도 30분 동안은 공상을 하도록 독려하라."고 구체적 방안까지 내놓는다. 그는 '공상'이라는 단어를 썼지만 그 단어를 '몽상'

으로 바꾸어도 아무 상관이 없다. 이전 같으면 "일도 안 하고 빈둥거리다니!"라며 핀잔이나 들을 행동을 공식화하도록 그는 권장을 하고 있는 셈이다. 공상이나 몽상에 빠진 시간은 효율성을 떨어뜨리는 아까운 시간이 아니라 자신의 내면의 욕구에 귀를 기울이면서 새로운 아이디어를 창출하는 시간이기 때문이다.

그는 한 걸음 더 나아가 "고객과 친하게 그리고 즐겁게 놀아라. 그래야 새로운 아이디어를 탐색할 수 있다."라고 권하기도 하고 "직원들이 집에 있는 것보다 직장에 있는 게 더 즐겁기 때문에 회사에 오도록 만들어라."라고 파격적이면서 불가능해 보이는 시도를 권하기도 한다. 요컨대 직원들에게 자유로운 몽상의 시간, 즐거움의 시간, 행복의 시간을 주라는 것이다. 그러니 그가 "창조성을 관리할 생각을 말고 직원들에게 자유를 주어라. 공식적인 회사 일 이외에 자기가 정말 하고 싶은 일을 하도록 하는 것이 중요하다."라고 말하는 것은 너무나 당연하다.

경영학 분야에서 일고 있는 이러한 새로운 흐름들은 우리가 어릴 때부터 귀가 아프게 들었던 개미와 베짱이 우화를 뒤집는 흐름들이다. 여름 내내 일을 한 개미에게는 어려울 때도 따뜻한 곳에서 행복하게 살 미래(겨울)가 보장되어 있지만 여름 내내 노래만 하면서 논 베짱이의 미래는 비참할 뿐이라는 게 그 우화가 주는 교훈이다. 그 우화는 놀이보다는 일이 더 중요하다고 우리에게 가르친다. 하지만 그 우화는 실은 놀이가 일보다 우선이라는 엄연한 사실을 우리에게 일

깨우기도 한다. 인간이 가만 두어도 일만 하게 되어 있다면 굳이 그런 우화를 통해 인간에게 교훈을 줄 필요가 있을까? 그 우화가 계속 교과서에 나오는 이유는 인간에게 놀이는 자연스러운 것이며 일은 의무적이라는 것이 엄연한 사실이기 때문이다.

그 일화는 생산성, 효율, 노동 등을 중시할 때 아주 효과가 있는 일화이다. 그런데 요즘 젊은이들은 시대의 흐름에 맞추어 그 일화를 바꾸어 버린다. 여름 내내 열심히 일을 해서 재산을 모은 개미는 겨울에 주식 투자를 했다가 쫄딱 망했고 여름 내내 노래만 부른 베짱이는 음반을 낸 것이 크게 히트를 쳐서 큰돈을 벌었다는 식이다.

새로운 경영학자들이 꿈과 즐거움과 행복을 강조하는 흐름이나, 개미와 베짱이의 우화를 우스개처럼 바꾸어 버리는 태도는 일을 멀리하면서 성실함을 비웃고 게으른 개인을 옹호하는 흐름이나 태도와는 거리가 멀다. 그것들은 효율성을 무엇보다 우선시하는 기계적이고 합리적인 질서 속에서 잠자고 있던 내면의 꿈이 꿈틀거리는 모습들이다. 그 모습들은 우리를 사로잡고 있던 편견에서 우리가 깨어나기를, 그래서 나와 세상을 새롭게 꿈꿀 수 있게 되기를 바라고 자극하는 모습들이다.

그 모습은 우리가 익숙해 있던 경영자나 비즈니스맨의 모습과는 거리가 멀다. 우리에게 익숙한 '바람직한 비즈니스맨'의 모습은 이런 것이다. 개인적 욕망을 억누르고 자신에게 주어진 일에만 열심인 사람, 곁에서 무슨 일이 일어나도 신경 쓰지 않고 앞만 보고 달려가는 사람, 언제나 흩어짐이 없이 주어진 규범을 지키며 남의 모범이 되는 단아한 사람, 성실하게 주어진 일을 하면서 자기주장을 하지 않는 사람. 하지만 꿈을 꾸는 사람은 그런 모습과는 거리가 멀다. 어찌 보면 조금은 산만해 보이고 고집스레 자기 마음에 드는 것을 자신 있게 내세우는 사람, 파격적인 의견을 자주 내놓아 전체 분위기를 흐리는 것 같은 사람, 아슬아슬한 행동을 자주 해서 가까운 사람을 조마조마하게 하는 그런 사람이 아마 꿈꾸는 사람의 모습일 것이다. 청바지 차림을 하고 신제품 발표회장에 나타나는 스티브 잡스 같은 파격적인 모습을 떠올려 보라.

자신을 바꾸고 자신 앞에 새로운 세상이 펼쳐지는 것을 맛보고 싶다면 내 속의 상상하는 자아, 꿈꾸는 자아를 일깨워라. 자신의 욕망에 충실한 자아를 일깨워라. 그 자아는 일과 놀이가 함께하는 자아이며 좋아하는 일에 몰입하는 자아이다. 작은 일이라도 자신이 좋아하는 일을 찾는 것, 아니 작은 일이라도 즐겁게 할 수 있게 자신을 바꾸는 것, 그것이 자신 내부의 꿈꾸는 자아를 깨우는 방법임은 다시 강조할 필요가 없을 것이다.

제3장

나는 뒤집는다,
고로 나는 창조한다

나를 깨고 또 다른 나를 얻는다

"파괴적 혁신이란 듣지도, 보지도 못한 제품을 개발하는 것을 의미하지 않는다.
파괴적 혁신이란 결국 고객들이 하고 싶었지만 못했던 일을 가능하게 해 주는 것이다."

_클레이튼 크리스텐슨(하버드대 경영학과 교수)

뒤집으면 차원이 높아진다

세상을 완전히 다르게 보는 새로운 눈

사실 이 강의 내용 전체가 전복적인 사고를 강조하고 있다고 볼 수도 있다. 우리는 이 강의를 통해 우리가 알고 있던 상식을 뒤집는다. 그리고 우리에게 익숙해 있던 생각들을 편견으로 여기게 만든다. 그것 역시 일종의 뒤집기이다. 그러니 여러분은 이 책을 읽으면서 이미 뒤집기 훈련을 하고 있다고 보아도 된다.

왜 우리는 뒤집어야 하는가? 창의적인 사고는 왜 필경 전복적이어야 하는가? 전복적인 생각과 행동을 강조하는 것은 혹시 파괴를 조장하는 것이 아닌가?

아니다. 우리는 뒤집기를 통해 우리 자신을 파괴하는 것이 아니다. 우리는 뒤집기를 통해 넓어지고 깊어진다. 우리는 뒤집기를 통해 새로운 나를 찾고 세상을 크게 볼 수 있는 안목을 획득한다.

우리는 밭에 농작물을 심기 위해 봄이면 밭을 간다. 밭을 갈기 위해 땅을 뒤집는다고 땅이 파괴되는가? 아니다. 땅은 절대로 파괴되지 않는다. 땅은 뒤집기를 통해 부드러워지고 비옥해진다. 뒤집기를 하지 않은 땅에는 농작물을 심을 수 없다. 단단하게 굳어 있기 때문이다. 뒤집기를 통해 파괴되는 것은 그 굳어 있는 모습이지 땅 자체가 아니다. 우리는 우리의 생각을 뒤집으면서 우리 자신을 파괴하는 것이 아니라 굳어 있는 우리를 파괴할 뿐이다.

뒤집기를 통해 우리는 새로운 눈으로 새롭게 세상을 보게 된다. 그 새로운 눈은 낡은 눈을 부정하면서 그것이 좁은 편견이었음을 알게 해 준다. 그만큼 우리는 새로워지면서 동시에 넓어진다. 거기에 뒤집기의 비밀이 있다.

사실상 그러한 뒤집기는 일상 속에서 자신의 새로운 모습을 발견하기 위해서만 필요한 것이 아니다. 인류가 이룩한 과학의 발전 역시 그러한 뒤집기를 통해서만 가능했다. 바슐라르는 '단절과 감싸기'라는 개념을 통해 과학은 과학적 지식이 축적되어서 발전해 온 것이 아니라 뒤집기를 통해 발전해 왔음을 우리에게 알려 준 사람이다.

단절과 감싸기

서양의 과학사에서 혁명적인 변화는 두 번 있었다. 그 중 하나는 코페르니쿠스의 지동설에 의해서 천동설이 뒤집힌 사건이고 다른 하나는 아인슈타인의 상대성 이론이 뉴턴의 역학을 대체하게 된 사건이다. 그러한 뒤집힘을 통해 과학은 놀라운 발전을 이룩하게 된다.

그 두 혁명적인 사건을 통해 바슐라르는 새로운 과학적 지식이 앞선 지식을 이어받아 형성된 것이 아니라 오히려 앞선 과학적 지식을 부정하고 새롭게 세상을 바라보면서 탄생했음을 확인한다. 즉, 코페르니쿠스의 지동설은 천동설을 부정하면서 탄생한 것이고 아인슈타인의 상대성 이론은 뉴턴의 역학을 의심하면서 탄생한 것이다. 후대의 과학적 지식은 앞선 과학적 지식을 열심히 받아들이고 연구한 사람이 거기에 새로운 과학적 지식을 덧붙여서 탄생한 것이 아니다. 그것은 세상을 완전히 다르게 보는 새로운 눈을 통해 탄생한 것이다. 그래서 바슐라르는 앞선 시대의 과학적 지식과 새로운 과학적 지식 사이에는 '단절'이 존재한다고 말한다. 새로운 과학은 앞선 과학을 물려받은 것이 아니라 완전히 새로운 다른 과학이라는 것이다.

그렇다면 과학사는 새로운 다른 과학이 이전의 과학을 대체해 온 역사일 뿐인가? 과학에서 발전이라는 개념은 무효가 되는 것인가? 지동설은 분명히 천동설보다 발전한 천문학이고 상대성 이론이나 양자역학은 뉴턴의 역학보다 발전한 물리학이 아닌가? 우리는 "그러한 뒤집힘을 통해 과학은 놀라운 발전을 이룩하게 된다."라고 쓰지 않았는가? 분명히 그러하다. 과학은 분명히 발전해 왔다. 바슐라르도 그 점을 인정한다. 그가 부정하는 것은 과학의 발전이 선적으로 이어져 왔다는 사실일 뿐, 그도 과학이 발전해 왔다는 것을 부정하지는 않는다. 그때 그가 사용하는 개념이 바로 '감싸기'라는 개념이다. 과학은 감싸기를 통해 발전해 왔다는 것이다. 즉, 후대의 과학은 앞선 시대의 과학을 부정하면서 탄생한 것이지만 앞선 시대의 과학을 완전히 배척하는 것이 아니라 일정한 조건하에서만 옳다는 식으로 부분화시킨다는 것이다.

지동설은 천동설을 부정한다. 하지만 천동설이 전부 틀린 것은 아니다. 적어도 우리 눈에는 지구는 가만히 있고 천체가 돌고 있다. 지동설이 새로운 과학이 되었다고 해서 갑자기 사람들 모두 지구가 도는 것을 알고 어지럼증을 느낀 것은 아니다. 따라서 천동설은 우리가 보는 것, 우리가 느끼는 것을 기준으로 했을 때만 옳은 것이 된다. 뉴턴의 역학과 아인슈타인의 상대성 이론의 관계도 마찬가지이다. 이해를 돕기 위해 보다 손쉬운 예를 하나 더 들어 보자.

'2+2=?'라는 문제가 주어졌다고 치자. 누구나 4가 답이라고 쉽게 대답할 수 있을 것이다. 하지만 '무엇과 무엇을 더하느냐'라고 그 덧셈 항목의 구체적인 질(質)을 문제 삼게 되면 상황이 달라진다. 밀가루 덩어리를 합하는 것이냐, 사과를 더하는 것이냐에 따라 답이 달라진다. 또한 앞의 2와 뒤의 2는 같은 것이냐 다른 것이냐에 따라서도 답은 달라진다. 답이 1이 될 수도 있고 2나 3 혹은 4가 될 수도 있는 것이다. 게다가 그 덧셈에 시너지 효과라는 개념을 적용하면 둘 더하기 둘은 얼마든지 넷 이상이 될 수 있다. 한 걸음 더 나아가 그 문제에 시간이라는 변수까지 덧붙이면 답은 훨씬 다양해진다.

위 문제를 "수놈 쥐 두 마리와 암놈 쥐 두 마리를 합하면 얼마냐?"라는 문제로 바꾸어 보자. 당장이야 네 마리이겠지만 시간이 지나면 그 수효는 기하급수적으로 늘어날 것이다. 따라서 '2 + 2 = ?'라는 문제의 답은 4뿐만이 아니라 무수하게 많아지는 일이 벌어진다. 단순해 보이던 문제가 갑자기 복잡한 문제로 변하게 된 것이다. 그때 그 복잡한 문제를 풀기 위해 집합 같은 새로운 개념의 수학이 탄생한다. "둘 더하기 둘은 정말 넷일까? 과연 그 공식은 자명한 진리인가?"를 의심하면서 새로운 수학이 탄생하는 것이지 '2 + 2 = 4'라는 공식을 열심히 외우고 뒤따르면서 새로운 수학이 탄생하는 것이 아니다.

그러나 새로운 수학이 탄생하더라도 2 + 2 = 4라는 산식 자체가 틀린 것으로 폐기되지는 않는다. 덧셈의 앞뒤 항에 공집합이 없는 경우, 양적으로 균등한 경우, 변화가 전혀 없는 경우 등에만 옳은 아주 제한적인 산식이 될 뿐이다. 즉, 그 답은 가능한 무수한 답들 중의 하나가 되는 것이다. 그러한 현상을 바슐라르는 감싸기라는 개념으로 설명한 것이다.

이 '단절과 감싸기'라는 개념은 정말 풍요로운 개념이다. 우리는 뒤집기를 통해 바로 그 '단절과 감싸기'를 경험한다. 과거와의 단절을 통해 비약을 하고 비약하면서 넓어지는 것, 바로 그것이 뒤집기를 통해 우리가 꿈꾸는 것이다. 편견에 사로잡혀 있던 자신과 단절하면서 우리는 차원이 높아지는 발전을 경험한다. 뒤집기를 통해 차원이 높아지다니, 무슨 말인가?

우리는 1차원은 선, 2차원은 평면, 3차원이 공간이라는 것을 잘 알고 있다. 거기에 시간의 개념을 도입하면 4차원이 된다. 우리는 우리 머릿속에 4차원까지는 그럭저럭 그려 볼 수 있다. 하지만 5차원, 6차원을 넘어 10차원 이상까지 차원이 높아지면 손을 들어 버릴 수밖에 없다. 나는 우리가 도저히 상상하기 어려운 고차원의 개념을 어떻게 이해하면 되느냐고 어느 수학자에게 물은 적이 있다. 그는 이렇게 답했다.

높은 차원을 이해하기 위해 우리가 배운 것을 토대로 억지로 이미지로 만들려고 하지 마라. 차원이 하나 높아진다는 것은 어떤 문제를 풀거나 설명하기 위해 설명 요소가 하나 더 덧붙여지는 것으로 이해하면 된다. 1차원이란 하나의 문제를 푸는 데 한 가지 요소만 있어도 충분한 경우이며 차원이 하나씩 높아진다는 것은 그 요소만으로는 설명이 안 되는 문제를 만나 그것을 해결하기 위해 다른 요소를 필요로 하는 경우를 말한다. 따라서 차원이 높아질수록 설명 원칙은 훨씬 복잡해지고 대상은 단순함에서 벗어난다.

우리는 그 차원의 개념을 우리의 실제 삶에 빗대어 이해할 수도 있다. 삶에는 여러 다양한 가치들이 존재한다. 그중 단 하나의 가치만을 절대시하고 거기에만 집착하는 경우를 우리는 1차원적 태도라고 이해할 수 있지 않을까? 돈이나 명예 혹은 권력은 인간이 추구하는 가시적인 가치들이다. 그중 한 가지에 모든 의미를 부여하고 집착했을 때 그는 1차원적인 인간이 된다. 그러한 일차원적인 인간이 자신이 절대적 가치를 부여한 것을 획득하지 못할 경우 그의 인생은 실패한 인생이 된다. 1차원적인 인간의 불행은 그가 그토록 중시하던 것을 잃었을 때 확실히 그 모습을 드러낸다. 그가 그것을 잃었을 때 그는 모든 것을 잃어버린 셈이 된다. 그는 막다른 골목에 처한 인간이 되는 것이다. 평면의 차원에서만 세상을 보고 그 평면 내에서만 움직이면 그는 매번 자신을 가로막는 장벽을 만나게 된다. 하지만 3차원적인 시야를 획득하는 순간 사정이 달라진다. 시야도 넓어지고 세상도 넓어진다. 그 순간 얼마든지 막다른 골목에서 벗어날 수 있는 넓은 세상과 방법이 있는데 그것을 못 보고 혼자 낑낑대던 자신의 모습이 보인다. 그는 여유를 획득하고 그 장벽을 간단하게 뛰어넘을 수 있는 힘을 획득하게 된다. 그게 바로 차원이 높아진다는 것의 의미다.

사실 우리는 우리의 일상 속에서도 단절과 감싸기를 무수히 경험하고 실천한다. 우리는 그 무언가 깨달음을 얻는 순간 자신이 과거의 자신과는 완전히 다른 사람이 된 것을 발견하는 경우가 많이 있다. 공부를 통해 깨달음을 얻는 경우도 있고 훌륭한 스승의 가르침을 통해 세상을 새롭게 볼 수 있게 되기도 한다. 또한 종교적 믿음을 갖게 되면서 자신이 완전히 새로운 인간으로 탄생하는 경이를 경험하기도 한다. 그 경험들은 모두 자기를 부정하고 뒤집은 경험들이다. 그 경험을 통해 우리는 우리를 사로잡고 있던 편견에서 벗어나 새롭게 세상을 볼 수 있게 된다.

세상은 날로 복잡해진다. 그런데 안타깝게도 우리의 사고는 점점 더 단순해지는 경향이 있다. 복잡한 세상을 복잡한 눈으로 볼 수 있는 다(多) 차원적 인식을 갖는 훈련을 하지 않았기 때문이다. 여전히 좁은 차원의 생각과 가치관을 가지고 복잡한 세상을 마주하게 되었기 때문이다. 그래서 복잡한 세상은 그야말로 골치 아픈 세상이 된다. 골치 아픈 일과 마주하면 그 일을 회피하게 만드는 게 인지상정이다. 해결책이 보이지 않기 때문이다. 하지만 문제를 회피하다 보면 매번 만나게 되는 것은 막다른 골목뿐, 해결책은 찾을 수 없다. 세상이 복잡해질수록 우리는 차원이 높아져야 하고 뒤집기도 해야 한다. 무슨 수를 써서라도 단순화의 위험에서 벗어나야 한다. 세상 살면서 겪게 되는 어려움을 극복하기 위해서도 그러하고 결단의 순간에 내리는 과감한 결정이 단호하면서 동시에 옳은 것이 되기 위해서도 그러하다.

'상상하는 나'는
'생각하는 나'를 뒤집는다

내 속의 남을 발견하는 상상력

　"나는 상상한다, 고로 나는 존재한다."라는 선언은 "인간은 이성적이고 합리적인 동물이다."라는 명제를 부정하는 것으로부터 출발한다. 인간이 결코 합리적인 동물이 아니라는 것을 알기 위해 어려운 책을 읽거나 복잡한 이론을 공부할 필요는 없다. 우리의 일상을 한번 뒤돌아보는 것으로 충분하다.

　오늘 하루 자신이 했던 일을 천천히 반추해 보자. 우리는 길을 걷기도 했을 것이며 사람을 만나 이야기도 나누었을 것이고 심각한 문제를 만나 결정을 하기도 했을 것이다. 그러나 그중에 "인간은 합리적 동물이다."라는 명제에 걸맞게 생각하고 행동한 경우가 과연 얼마나될까? 발걸음을 옮기면서 어떻게 해야 넘어지지 않고 앞으로 나아갈 수 있는지 매번 생각하고 실천에 옮겼을까? 누군가와 대화를 하면서 일일이 문법을 점검하고 자신이 전하고자 하는 의도를 정확히 전달하기 위해 문장을 가다듬었을까? 절대로 아니다. 심지어 심사숙고해서 그 무언가를 결정한 경우에도 우리는 번뜩 떠오른 직관에 의존한 경우가 더 많다.

그렇다면 우리는 오늘 하루를 전혀 비인간적으로 살아 버린 셈이 된다. 물론 "인간은 합리적 동물이다."라는 명제를 절대적으로 옳다고 신봉하는 경우에만 그렇다. '인간이 무엇인가'를 알기 위해 우리가 일상에서 늘 경험하는 대부분의 우리의 모습이 배제된다면 그 인간학을 과연 보편적이라고 할 수 있는가? 그런 학문은 '인간학'이라는 이름으로 가장 인간다운 점을 오히려 배척하는 것이 아닌가? 비합리적이고 직관적인 면이 더 많은 인간을 어떻게 '합리적'이라는 좁은 틀에 가둘 수 있는가? 바로 그러한 의심과 부정으로부터 새로운 인간학이 탄생한다.

"인간은 예측 가능하게 비합리적이다."라고 선언한 댄 애리얼리가 단순히 새로운 경제학자가 아니라 '경제학계의 코페르니쿠스'가 될 것이라는 기대감까지 낳는 것은, 기존의 경제학이 인간은 합리적 동물이라는 편견을 너무 오랫동안 아무 의심 없이 받아들이고 있었기 때문이다. 그는 그 편견을 의심하고 뒤집으면서 구체적 사례들을 점검한다. 그리고 인간의 행동이 절대로 합리성의 지배를 받지 않는다는 것을 발견한다. 그러한 그의 발견은 기존의 경제학을 부정하게 만들지만 경제학 자체를 파괴하지는 않는다. 그의 발견은 기존의 경제학을 감싸면서 경제학 전반의 시야를 넓혀 준다.

물론 인간에게는 합리적인 면이 있다. 하지만 인간의 합리성은 상상력과 몽상 뒤에 온다. 우리가 앞 장에서 확인한 것이 바로 그것이다. 상상력과 몽상은 인간이 지닌 근본적인 욕망의 발현이다. 더욱이 인간의 욕망은 하나가 아니라 여럿이다. 따라서 인간의 합리성도 하나가 아니라 여럿이다.

인간이 얼마나 비합리적인가를 알기 위해 역설적인 이야기를 하나 해 보기로 하자. 인간에게 비합리적인 면이 존재하고 주관성과 감성이 인간의 행동을 지배한다면 그 모든 것을 인간의 속성으로 삼는 것이 말 그대로 합리적인 태도이다. 그런데 사람들은 너무 오랫동안 인간은 합리적이라고 생각해 왔다. 그렇게 믿어 왔다. 그 얼마나 비합리적인 생각인가? 인간은, 인간은 합리적인 동물이라는 말을 아무 의심 없이 오랫동안 믿어 왔을 정도로 비합리적인 동물인 것이다. 그러니 진정으로 합리적인 사유를 하기 위해서라도 단 하나의 합리성을 합리화할 것이 아니라 비합리적이고 애매모호한 것과 협상을 해야 한다. 그래야 차원이 높아질 수 있다. 그때 우리는 자신만이 생각하는 단 하나의 합리성을 고집하지 않게 된다. 우리는 우리를 뒤집으며 우리 안에 단 하나의 '나'가 아니라 여러 '나'가 있음을 발견하게 된다. 결국 '상상하는 나'는 '생각하는 나'를 부정하고 뒤집으면서 그것을 부분으로 감싼다. '상상하는 나'는 '생각하는 나'를 높은 차원에서 내려다본다.

뒤집기의 한 방법 : 역지사지의 상상력

'역지사지(易地思之)'라는 말의 뜻은 너무나 간단하다. 그리고 그 뜻을 누구나 잘 알고 있다. 입장을 바꾸어 생각해 볼 것, 이것이 역지사지의 뜻이다. 하지만 역지사지가 자신의 편견을 뒤집고 한 차원 높은 시야를 획득하는 방법으로 사용되는 경우는 드물다. 대개의 경우 남에게 자신을 이해해 달라고 간청하는 경우에 사용된다. 노래 가사에도 있듯이 자신의 고통을 이해하지 못하는 상대방에게 "입장 바꿔 생각해 봐."라고 애원할 때 사용된다. 역지사지의 마음을 권할 때도 분쟁을 해결하기 위한 수단이나 남을 배려하는 마음가짐을 가지라는 뜻으로 사용된다.

하지만 역지사지의 본뜻은 거기에서 그치지 않는다. 찬찬히 생각해 보자. 역지사지를 실현하려면 남의 입장이 되어 보아야 한다. 남의 입장이 되어 보려면 지금의 나를 버려야 한다. 지금의 나를 고수하면서 남의 입장이 되는 것은 불가능하다. 즉, 내가 스스로 남이 되어야만 진정한 역지사지가 가능해진다. 하지만 내가 남이 되는 것은 불가능하다. 나는 여전히 나이기 때문이다. 내가 나이면서 동시에 남이 되는 길은 내 속에 들어 있는 남을 발견하는 수밖에 없다. 즉, 역지사지는 내가 여전히 나임을 고수하면서 남을 배려하는 것을 의미하는 것이 아니라 나를 뒤집어 내 속의 남을 발견하는 것을 의미한다. 그래야 내가 커지면서 상대방을 이해할 수 있게 된다. 그래야 이전의 나를 뒤집고 이전의 나를 품을 수 있게 된다.

내 속에 들어 있는 또 다른 나를 발견하는 좋은 방법이 하나 있다. 몇 개 국어에 능통한 어느 전문가의 이야기이다. 그는 쉽게 풀리지 않는 문제에 부딪히면 해결책을 찾기 위해 자신의 언어 구사 능력을 십분 활용한다. 즉, 한 언어로 해결책을 찾기 어려우면 생각 자체를 아예 다른 언어로 하는 것이다. 영어로 아무리 생각해도 풀리지 않으면 불어로 바꾸어 생각하고 그래도 풀리지 않으면 스페인어로 바꾸어 생각하는 식이다. 언어는 단순히 의사소통의 도구가 아니기에 가능한 일이다. 한 언어에는 그 언어를 사용하는 문화권의 사고방식이 고스란히 녹아 있다. 영어를 사용해서 사고하는 것은 영어권의 사고를 내 것으로 하는 것이고 불어를 사용해서 사고하는 것은 불어권의 사고를 내 것으로 하는 것과 마찬가지이다. 다른 언어로 생각을 해 본다는 것은 내 속의 여러 사고방식을 동원해 사고하는 것, 즉 내가 다른 입장이 되어 보는 것을 의미한다. 그러니 가능한 한 여러 언어를 익혀 놓아라. 가능한 한 자유자재로 그 언어를 구사할 수 있을 정도가 되어라. 한글 전용만을 주장하는 사람들이 걱정하듯이 우리의 본 모습을 잃는 것이 아니라 또 다른 나를 발견하고 넓어질 기회를 갖게 된다.

역지사지를 실천하고 경험하면 또 하나 얻는 게 있다. 우리가 섬세해진다. 섬세함과 소심함은 다르다. 섬세한 사람은 대상을 이해하고 배려할 수 있지만 소심한 사람은 상대방으로부터 도망가서 자신 안에 갇힌다. 상상력의 시대는 우리에게 그렇게 뒤집기를 통해 편견에서 벗어난 사람이 될 것을, 그리고 섬세한 사람이 될 것을 요구한다. 상상력의 시대를 창의적으로 살고자 한다면 늘 자신이 옳다고 믿어 온 것을 의심하라. 자신이 믿는 바가 확고하면 확고할수록 그만큼 편견이 큰 것이라고 생각하라. 그렇게 자신을 버려야 보다 차원이 높아지고 섬세해진 자신의 모습이 보인다.

파괴되는 것은 '굳어 있는 나'다

'하지 말라' 방정식과 파괴적 혁신

"시도한 모든 일에서 나는 실패와 실패와 실패를 경험했다. 좌절과 실망, 일시적 실패는 숨을 들이쉬고 내쉬는 것만큼 자연스러운 일이라는 걸 배웠다. 나는 학교에서 실패했고, 수많은 직업에서 적어도 처음에는 실패했다. 세일즈맨이 됐을 때 수백 번의 실패를 경험했고, 경영진이 되어서도 끝없는 실수를 저질렀다. 나는 성공하기 전에 내 인생의 모든 단계에서 실패하고 또 실패했다."

'실패를 거느린 성공학'의 대가라는 칭호를 받는 인적자원 개발회사 브라이언 트레이시 인터내셔널 회장 브라이언 트레이시의 말이다. 그의 말대로라면 실패는 성공에 필수적이다. 실패를 성공의 반대로만 보는 눈은 일차원적인 눈이다. 그 눈을 가지고 실패를 경험하면 막다른 골목에 처한 신세가 된다. 그리고 실패를 극복할 수 없게 된다. 하지만 트레이시는 실패를 성공에 늘 따라다니는 자연스러운 일로 받아들이면서 오히려 실패를 극복한다. 차원이 높아진 것이다. 거기서 한 단계 차원이 더 높아지면 성공을 위해 실패는 꼭 존재해야 하는 것이 되는 일이 벌어진다. '실패는 성공의 어머니'라는 우리 속담은 정말 차원이 높은 속담이다.

한편 콜롬비아 비즈니스스쿨의 번트 슈미트 교수는 "당장 성우(聖牛)를 버려라."라고 충고한다. 성우는 일종의 우상이고 편견이다. 우리는 누구나 그런 성우를 가지고 있다. 자신이 아무 의심 없이 옳다고 믿는 것들, 아무 의심 없이 뒤따르는 규범 같은 것이 모두 성우이다. 슈미트 교수는 그런 것들을 '틀에 박힌 작은 생각'이라고 주저 없이 말한다. 도저히 의심하기 어려운 큰 편견일수록 그것은 오히려 '틀에 박힌 작은 생각'에 불과하다는 것이다. 그리고 그는 그것을 쓰레기통에 처박아 버리라고 충고한다. 과격한 충고다. 하지만 그 충고를 받아들이면 배짱과 열정과 좌절하지 않는 인내심이 생긴다고 그는 말한다. 진짜 자신이 좋아하는 것을 찾을 수 있기 때문이다.

우리는 대개 남을 흉내 내거나 따라 하면서 그 모습이 자신의 진짜 모습인 양 착각한다. 그리고 안심한다. 하지만 그 안심에서 벗어나지 않으면 발전은 없다. 우리가 우리 속에 지니고 있는 편견은 진짜 내 생각이 아니다. 남들이 일반적으로 지니고 있는 생각들의 집합일 뿐이다. 그 생각들을 뒤집어야 진짜 내 생각을 알 수 있다. 진짜 나의 모습을 알 수 있다. 편견을 버리는 것은 원칙을 버리는 것이 아니라 진정한 자신의 원칙을 찾는 것을 의미한다는 것, 그것을 슈미트 교수는 강조하고 있는 셈이다. 따라서 내가 스스로 터득하고 마련한 원칙이 아닌 한 그 원칙이 아무리 대단하더라도 그것은 버려야 할 성우에 불과할 뿐이다.

우리가 일상적으로 지니고 있는 편견에서 벗어나는 구체적인 방법을 가르쳐 주기 위해 일본의 경영 컨설턴트인 사카모토 게이치는 아예 '하지 말라' 방정식을 내놓기까지 한다. 모두 상식을 뒤집는 전복적 사유를 강조하는 내용으로 되어 있다.

그는 '근면하지 말라, 조사하지 말라, 인맥 쌓지 말라'고 강조한다. 근면함과 성실함과 많은 정보 확보 등은 바람직한 사회생활을 위해서, 또한 성공을 위해서 언제나 강조되어 오던 덕목들이다. 더욱이 폭넓은 인간관계는 우리 사회에서 가장 강조되는 덕목 중의 하나이다. 하지만 그는 그 모든 것을 부정한다. 그는 '하루 종일 부지런하면 무슨 창의적인 사고가 나올 수 있겠느냐, 새 자료 속에서 데이터만 뽑으면 어찌 크게 볼 수 있겠느냐, 여기저기 다니며 명함을 돌리면서 어찌 깊은 관계를 맺을 사람을 만들 수 있겠느냐'라고 말한다. 그의 발언을 근면이나 성실함, 폭넓은 정보와 인간관계를 모두 무용지물로 간주하는 것으로 이해한다면 당신은 아직 낮은 차원에 머물러 있다고 말할 수 있다. 사카모토 게이치는 만일 당신이 그런 것들만이 성공을 보장해 주는 만병통치 수단이라고 생각하고 있다면 당신은 결코 원하던 바를 이룰 수 없다고 말하고 있는 것이다. 그의 '하지 말라' 방정식은 전복적 사유를 통해 당신이 보다 넓은 시야와 깊이를 지닐 것을 권하고 있다. 그래야 그가 부정하는 덕목들도 제 자리를 찾고 제 가치를 발휘할 수 있다.

클레이튼 크리스텐슨 하버드대 교수의 권고는 더욱 과격하다. 그는 '벤치마킹하지 마라'라고 주장하고 기술 혁신보다 비즈니스 모델의 혁신이 더 중요하다고 외친다. 그리고 소비자의 현재 목소리에 귀를 기울이지 말라고 충고한다. 모두 과격하고 충격적인 충고들이다. 당신이 새로운 사업을 시작한다면 벤치마킹은 당연히 필요하다. 그런데 그는 벤치마킹을 하지 말라고 권한다. 사업이 성공하려면 기술 혁신은 반드시 필요하다. 그런데 그는 기술 혁신보다 비즈니스 모델의 혁신이 더 중요하다고 말한다. 또한 고객만족경영이 바이블처럼 떠받들어지는 현실에서 고객을 무시하라고 권한다. 과격하다 못해 파괴적이다.

하지만 그의 과격한 이론은 세계의 패러다임을 바꾸었다는 평가와 함께 그의 이름을 '경영학의 아인슈타인'으로 부를 수 있게 해 주었다. 재미있지 않은가? 지금 현재 바이블처럼 떠받들어지고 있는 원칙들을 파괴하라는 그의 주장이 마치 뉴턴의 역학을 부정한 아인슈타인에 비유되고 있다는 사실이.

그는 왜 벤치마킹을 하지 마라고 권하는가? 우리는 벤치마킹을 하면서 어딘가 모범적인 경영 사례가 있다고 믿고 그것을 배우려 하기 때문이다. 그는 벤치마킹을 통해 남이 이미 하고 있는 사업을 모방하지 말라고 강조한다. 그는 과감하게 "모범적인 경영이 성공을 방해하는 가장 큰 요인"이라는 주장을 하기도 한다. 벤치마킹이 유행하면서 '최고로부터 배우기'나 '성공의 비밀', '성공의 습관' 등의 자기 계발을 위한 책들이 인기를 끈 것이 사실이다. 하지만 다른 회사들의 모범적인 비결은 당시 상황에서만 적용될 수 있을 뿐 달라진 상황에서는 무용지물이 될 수도 있다. 그래서 그는 벤치마킹은 사람이 새의 깃털을 달고 날아오르기를 원하는 것처럼 어리석은 짓이라고 말한다. 나는 그가 벤치마킹을 하지 말라고 권하면서 벤치마킹 자체를 부정하는 것은 아니라고 생각한다. 그가 벤치마킹을 부정하는 것은 벤치마킹을 통해서만 사업계획을 세우다가는 자신의 사업에 걸맞은 모델을 발견할 수 없고 진정한 혁신을 이룰 수 없다고 보기 때문이다. 그래서 그는 진정으로 혁신을 이루려면 벤치마킹을 하지 말라고 권하고 있는 것이다.

그가 기술 혁신보다 비즈니스 모델의 혁신을 우위에 두는 이유도 맥락이 비슷하다. 그는 "파괴적인 혁신이란 듣지도, 보지도 못한 제품을 개발하는 것을 의미하지 않는다. 파괴적 혁신이란 결국 고객들이 하고 싶었지만 못했던 일을 가능하게 해 주는 것이다."라고 말한다. 그의 말대로라면 기술 혁신이란 벤치마킹처럼 결국 한계가 있다. 기술 혁신은 지금 현재 누구나 알고 있는 소비 성향을 그대로 인정하면서 이루어지기 때문이다. 그가 중요하게 생각하는 것은 시장의 잠재력이다. 즉, '고객들이 하고 싶었지만 못했던 일을 가능하게 해 줄 때' 진정한 혁신이 가능하다는 것이다. 따라서 그가 기술 혁신보다 비즈니스 모델의 혁신이 더 중요하다고 말하는 것은 소비자가 잠재적으로 지니고 있는 새로운 욕망을 발견하고 그 욕망을 실현할 수 있는 방법을 찾아 제공하는 것이 더 중요하다고 말하는 것과 같다.

따라서 경영자 입장에서 열심히 현재 소비자의 성향을 조사하고 분석하는 것만으로는 한계가 있다. 조사와 분석만으로는 소비자의 잠재적 욕망이 드러나지 않기 때문이다. 결국 그는 경영자의 입장에서 소비자의 욕망을 읽는 것이 아니라 소비자의 입장이 되어 소비자의 욕망 읽기를 권하고 있는 셈이다. 역지사지를 통해 경영자가 소비자가 되는 것, 소비자의 입장에서 감추어진 욕망을 읽어 내는 것, 그것이 바로 뒤집기의 상상력이 아니고 무엇이겠는가.

창조 경영과 관련하여 새로운 리더십에 대한 탐구도 각 분야에서 활발하게 이루어지고 있다. 세계적으로 명성을 얻고 있는 리더십 교육기관도 많다. 그런데 우리의 주목을 끄는 리더십 교육기관들에는 공통되는 특징이 하나 있다. 그것은 그들이 리더십의 원칙을 가르치거나 훌륭한 리더십을 발휘하기 위한 정답을 가르치지 않는다는 것이다. 그중 내가 주목한 대표적인 기관이 리더십 사관학교라고 할 수 있는 CCL(Center for Creative Leadership)이다.

그 기관의 모든 프로그램은 현재의 자기를 깨고 또 다른 자신의 모습을 발견하는 과정으로 구성되어 있다. '혼란 속의 깨달음'을 모토로 하고 있는 5일간의 프로그램은 다음과 같다.

첫째 날 : 자기 인식(self-awareness)

둘째 날 : 남이 보는 나(impact)

셋째 날 : 어떤 의도였습니까(intention)

넷째 날 : 내 것으로 만들기(integration)

다섯째 날 : 자기계발 계획(development planning)

모두 역지사지의 상상력을 통해 이전의 자신을 부정하고 뒤집고 새로운 자신을 발견하기 위한 프로그램이다. 따라서 교육 참가자들을 안심시키는 게 아니라 혼란에 빠뜨린다.

첫째 날은 토론을 한 후 토론 때의 자신의 모습을 스크린에서 확인한다. 자기 모습을 객관적으로 바라보는 시간이다. 대개의 경우 '저게 정말 나란 말인가?'라는 생각을 하게 된다. 둘째 날은 남이 본 자신의 모습을 확인한다. 셋째 날은 구체적인 작업을 통해 자신이 어떤 식으로 일을 해결해 왔는지를 구체적으로 실감하고 넷째 날은 종합 토론을 통해 자신이 지닌 장점과 단점, 능력과 미비한 점을 종합적으로 확인한다. 그런 후 마지막 날 자신이 앞으로 어떻게 다른 사람으로 행동할 것인지 구체적인 계획을 적어 내게 한다.

그 과정을 통해 교육 참가자들은 자기를 확인하는 것이 아니라 자신을 객관적으로 성찰하고 바뀌어야 한다는 의지를 다질 수 있게 된다. 자기를 객관적으로 성찰하고 자신을 바꾼다는 것을 간단하게 줄이면 '뒤집기'가 아닌가. 그 교육을 받은 사람들 중에 SC제일은행 제니스 리 부행장은 "내 인생을 바꿔 놓은 일주일이었다."고 고백하고 미국 콜센터 아웃소싱 기업인 사이키스의 크리스토퍼 로저스 부회장은 "나 자신을 꽤 잘 안다고 생각했는데 완전히 착각이었다는 걸 깨달았다."라고 고백한다. 단 5일간의 교육으로 그러한 대단한 고백이 가능했던 것은 뒤집기의 효과가 그만큼 크다는 것을 입증한다. 또한 뒤집기가 남의 충고를 따르면서 이루어지는 것이 아니라 역지사지의 구체적 체험을 통해서만 가능하다는 것을 입증해 주기도 한다.

그 프로그램을 체험한 사람들에게 어떤 교육을 받았냐고 물어보면 "직접 체험하는 것 이외에 달리 설명할 방법이 없다."고 대답하는 것은 그 때문이다. 깨어진 나도 내 속에 있던 나이고 다시 발견한 나도 내 속에 있던 나이기 때문이다. 그 모두 남이 대신해 줄 수 없는 것들이다.

자유로운 상상력은 뒤집기에 의해 가능하다. 뒤집기는 창의성의 원동력이다. 힘들고 아프더라도 깨지는 아픔을 감수하라. 아픔의 몇 배가 넘는 보상이 온다. 우상 파괴적이라는 평판을 즐겨라. 파괴되는 것은 자기 자신이 아니라 굳어 있는 자신이기 때문이다. 그래야 창조적 사고가 가능하다. 그래야 차원 높은 사고가 가능해진다. 차원 높은 사고와 상상력은 자기 내부의 또 다른 나를 발견하는 데서 오는 것이지 이미 만들어진 남을 흉내 내고 따르는 데서 오지 않는다. 그것이 뒤집기의 기본 원칙이다.

현재의 자신에게 집착하면 뒤집기의 기회는 영영 오지 않는다. 편하게 정답을 찾으려 한다면 답은 영영 오지 않는다. 그렇다면 이 책의 내용도 이미 정답은 아닌 셈이다. 세상의 그 어느 책도 정답을 주지는 않는다. 좋은 책은 단지 자신에게 맞는 답을 구체적으로 찾을 수 있도록 도와줄 뿐이다.

제4장

나는 모든 것을 연결한다,
고로 나는 창조한다

창 조 적 개 인 은 개 인 이 아 니 다

"시스템적 사유는 부분과 전체의 관계를 통합적으로 이해하는 사유다."

_피터 셍게(MIT 교수)

일원론적 사고로 다원주의를 지향하라

조화와 균형의 정신

우리는 이제까지 상상하고 꿈꾸고 주관적 욕망을 찾아 즐기고 고정관념을 뒤집으면서 진정한 자신을 찾자고 주장해 온 셈이다. 한마디로 모두 자기 찾기와 관련이 있다. 하지만 은근히 불안해진다. 그렇게 모두 자신의 모습만 찾다가 모두 다 뿔뿔이 흩어지면 어쩌란 말인가? 모두 자기주장만 하는 세상에 살라는 말인가? 개인의 상상력을 중시하는 다원주의 사회란 결국 아무런 결속력도 없이 우리를 흩어지게 만드는가?

우리는 분명 다원화된 사회에 살고 있다. 다원화된 사회에서 가장 강조되는 것이 개인의 자유이고 개성이고 창의성이다. 다원화된 사회에서 획일적인 가치는 부정된다. 위로부터 아래로 전해지는 상명 하달 식의 체계보다는 아래로부터 위로 전해지는 다양한 견해들을 수렴할 줄 알아야 한다는 충고가 힘을 발휘하는 것도 그 때문이다. 또한 정보 통신망과 인터넷 문화의 확산은 우리의 인식을 다원화하는 데 크게 기여하고 있다.

하지만 앞서 말했듯이 그런 다원화 사회를 맞이하고 있는 우리의 속내가 그렇게 편한 것만은 아니다. 그렇게 모두 자신만이 옳다고 주장하면 도대체 구심점은 어디에 있는지, 다양한 가치관들이 들끓는 세상을 이끌어 갈 커다란 원칙은 사라지고 마는 것이 아닌지 하는 걱정이 들 수 있기 때문이다.

세상은 분명히 조직보다는 개인을 우선시하는 쪽으로 변하고 있다. 급기야 세상은 개인기로 무장한 창의적 개인들의 무한 경쟁을 벌이는 터가 되었다는 주장도 나온다. 실제로 그런 일이 벌어지고 있으며 그에 대비하라는 충고도 자못 심각하게 주어진다. 다원화된 사회는 개인들을 안심시키기는커녕 개인들을 오히려 불안하게 한다. 불안하다 못해 살벌함을 느낄 정도이다. 살벌한 경쟁 터에서 불안감을 느끼다 보면 옛날이 그리워지지 말란 법이 없다. 개인의 자유보다는 일사불란한 체계를 더 선호하는 경향이 되돌아오지 말란 법이 없다.

개인에게 자유를 주었는데 개인이 더 불안해지는 일이 왜 벌어지는 것일까? 개인의 즐겁고 행복한 꿈이 무엇보다 중요한 세상이 되었다고 말하면서 더 정신없는 경쟁 터로 내몰리는 일이 왜 벌어지는 것일까? 한마디로 답하자. 우리가 말로는 상상력, 창의성을 중시하는 다원사회가 되었다고 하지만 우리의 생각과 몸은 따라가지 못하기 때문이다. 다원주의의 참뜻을 구체적으로 익히고 그것을 실현하지 못하고 있기 때문이다. 과연 다원주의란 무엇인가? 그 의미를 제대로 익히기 위해 좀 엉뚱해 보이는 예를 하나 들어 보기로 하자.

잉창치 룰의 수수께끼

바둑을 좋아하는 사람이라면 다 알겠지만 '잉창치 배'라는 국제 바둑 대회가 있다. 대만의 잉칭치라는 사람이 1988년에 100만 달러라는 거금을 희사하면서 만든 국제 대회이다. 4년마다 열리는 데다 잉창치가 작고한 이후에도 그의 후손들이 매번 같은 금액을 희사해 바둑 대회 중 가장 많은 상금을 유지하고 있기에 바둑 올림픽이라고 일컬어진다. 잉창치는 대회를 창설하면서 독특한 룰을 만들었는데, 그 국제 바둑 대회는 여전히 그가 만든 룰대로 경기를 진행한다.

잉창치 룰에서는 흑과 백을 든 사람이 각각 180개의 돌을 지니고 경기에 임한다. 자기 통 속의 돌이 몇 개가 들어 있든 아무 상관이 없는 일반 바둑과는 영 딴판이다. 일반 바둑에 익숙한 사람은 시작부터 어리둥절할 수밖에 없다. 그런데 실제 내용으로 들어가 보면 더 당황스럽다. 일반 바둑은 집을 크게 장만한 사람이 이기는 경기이다. 그리고 죽은 상대방 돌은 내 차지가 된다. 상대방 병사를 포로로 잡은 셈이다. 나중에 계가할 때 그 포로들로 상대방 집을 메운다. 집이 많은 사람이 이기는 경기니까 잡은 돌, 그러니까 포로가 많으면 당연히 유리하다. 그런데 잉창치 룰에서는 죽은 돌은 상대방 차지가 되지 않는다. 죽은 돌을 집어내서 다시 자기 통 속에 집어넣는다. 계가도 영 다르다. 일반 바둑에서는 죽은 상대방 돌로 상대방 집을 메운 후 남은 집이 많은 사람이 이긴다. 그런데 잉창치 룰에서는 바둑이 끝나고도 남아 있는 자기 통 속의 돌들로 자기 집을 메운다. 자기 돌로 자기 집을 다 메운 후에 통 속에 돌이 많이 남아 있는 사람이 그 차이만큼 진다. 시작부터 끝까지 너무나 다르다. 바둑을 둘 줄 아는 사람이건 아니건 어리둥절하기는 마찬가지이다.

하지만 그 룰 자체에 대해 자세히 알아보려고 골치를 썩일 필요는 없다. 여기에서는 잉창치가 무슨 생각에서 그런 룰을 내세웠는지 알아보는 게 핵심이니까. (살짝 이야기하자면, 일반 룰로 바둑을 두건 잉창치 룰로 바둑을 두건 승부의 결과는 똑같다.) 내가 보기에 잉창치 룰에는 다원주의의 기본 정신이 너무나도 충실하게 잘 녹아 있다. 다원주의가 어떤 것인지 이해하기만 하면 잉창치가 왜 그런 룰을 만들었는지 쉽게 알 수 있다. 과연 다원주의 정신이란 무엇인가?

다원주의의 바탕은 일원론적 사고

사람들이 세상만사를 바라보는 관점을 크게 둘로 나누어 본다면 일원론과 이원론으로 나눌 수 있다. 그렇다면 질문을 하나 해 보자. 우리가 맞이하고 있는 다원주의 사회는 이원론에 뿌리를 두고 있는가 아니면 일원론에 그 뿌리를 두고 있는가? 아마 많은 사람들이 이원론 이라고 대답할 것이다. 얼핏 보면 맞는 생각인 것 같다. 일원론은 세상을 단 하나의 통합적 원칙으로 설명하려는 태도이고 이원론은 세상을 더 세분화하여 설명하는 세련된 인식이라고 생각하기 쉽기 때문이다. 그렇게 되면 다원주의는 이원론이 더욱 발전한 결과 탄생한 인식이 된다. 하지만 실상은 전혀 그렇지 않다. 다원주의는 일원론적 세계 인식의 결과물이다. 다원주의 사회가 도래했다는 것은 이원론이 강화되고 세련된 세상이 되었다는 뜻이 아니라 세상을 지배하던 이원론적 가치가 뒤집히고 일원론적 사유가 주도권을 잡았다는 뜻이다. 그것은 마치 상상력의 시대가 합리주의의 연장선상에서 온 것이 아니라 그것을 뒤집은 결과라고 말하는 것과 같다. 일원론은 어떠한 것이고 이원론은 어떠한 것이기에 그런 이야기가 가능한 것일까?

다시 말하지만 이 세상을 나누어 보지 않은 채 하나의 원리로만 설명하려 하는 것이 일원론적인 태도이며 세계를 둘로 나누어 보는 것이 이원론적인 태도라고 일반적으로 생각한다. 하지만 일원론이건 이원론이건 이 세상 현상을 구분해서 바라보는 것은 마찬가지이다. 이원론과 일원론을 구분하는 기준이 되는 것은 사실, 세상 현상을 나누어 보느냐 아니냐에 달린 것이 아니다.

우리는 흔히 서양은 이원론적인 사유를 키워 왔고 동양은 일원론적인 사유를 키워 왔다고 말한다. 하지만 서양이건 동양이건 세상만사를 둘로 나누는 것은 마찬가지이다. 서양의 이원론은 세상을 선과 악, 참과 거짓으로 나누고 동양의 일원론은 세상을 음과 양으로 나눈다. 이원론도 세상을 선과 악, 참과 거짓의 둘로 나누고 일원론도 세상을 어두운 것과 밝은 것으로 나눈다. 세상만사를 나누어 보는 것은 마찬가지이지만 결정적인 차이가 하나 있다. 그 나누어진 것들 간의 관계를 어떻게 보느냐 하는 것이다.

세계를 선과 악이나 참과 거짓으로 나누는 이원론의 경우 그 나누어진 항들은 서로 대립하고 배척한다. 세상을 선과 악으로 나누었을 경우 선과 악은 서로 싸우는 관계이며 악은 사라져야만 한다. 이원론에서 악이 등장하는 것은 선을 강조하기 위해서일 뿐이다. 악은 그 자체로 존재하면 안 되는 것이다. 정리해서 말한다면 '대립하는 두 항이 너무 철저하게 상호 부정적이거나 양립 불가능한 까닭에, 두 항 사이에서 그 둘을 아우르거나 통일시킬 수 있는 어떤 상호관계도 발견할 수 없거나 아니면 발견해 내려는 의지 자체가 없는 경우'가 엄밀한 의미에서 이원론이다. 참과 거짓의 관계도 마찬가지이다. 참된 진리 이외에는 모두 거짓으로 간주하여 배격하는 태도가 바로 이원론이다. 그런 의미에서 서구의 합리주의는 대표적인 이원론이다. 그 이원론이 더 강화되면 한쪽의 이름으로(선 혹은 진실의 이름으로) 다른 항(악 혹은 거짓)을 완전히 박멸시키고 없애 버리는 태도가 나온다. 그것이 독단론이다. 이원론은 다원주의를 낳기는커녕 그와는 정반대되는 독단론으로 이어질 가능성이 더 크다. 요컨대 양자택일의 입장에서 한쪽을 택해야만 하는 것, 그것이 바로 이원론적 태도이다. 우리가 흔히 지나친 이분법적인 사고를 경계해야 한다고 말할 때의 이분법도 대표적인 이원론적인 사유의 하나이다.

그러나 세상을 음과 양으로 나누어 보면 사정이 전혀 달라진다. 표면상으로는 음과 양의 인식도 세상을 나누어 본다는 의미에서 선과 악의 이원론과 별 차이가 없어 보인다. 하지만 조금만 주의해서 살펴보면 아주 커다란 차이를 발견할 수 있다.

예컨대 햇볕 쨍쨍 내리쪼이는 한낮의 거리와 불을 켜 놓은 실내, 불을 꺼 놓은 실내의 밝기를 상호간의 음양 관계로 짝지어 보자. 한낮의 거리와 불을 켜 놓은 실내를 대비시켰을 때는 전자가 양이 되고 후자가 음이 된다. 그러나 불을 켜 놓은 실내와 불을 꺼 놓은 실내를 대비시키면 앞의 대립에서는 음이었던 것(불을 켜 놓은 실내)이 상대적으로 양이 된다. 즉, 음과 양은 서로 넘나드는 것이며 음과 양의 대립은 절대적 대립이 아니라 정도의 차이에 따른 상대적 대립이라는 것을 알 수 있다.

그리고 우리는 또 한 가지 중요한 사실을 알 수 있으니, 그것은 음의 내부에는 양의 요소가, 양의 내부에는 음의 요소가 들어 있다는 사실이다. 양이 음이 될 수도 있고 음이 양이 될 수도 있다는 것은 양 속에도 음이 있고 음 속에도 양이 있기 때문이 아닌가? 그렇기에 표면상으로는 대립되어 보이는 것들 안에는 그들을 맺어 줄 공통분모가 들어 있는 셈이 된다. 그리고 그 공통분모가 겉으로 달라 보이는 것들을 맺어 주는 접착제 역할을 한다. 음양의 대립은 표면적이고 일시적인 것일 뿐, 마치 서로 생김새와 성격과 능력이 다른 자식들이 같은 어머니 배에서 나왔듯이 음과 양의 태생은 동일한 것이 된다. 자식들끼리 싸우는 것을 곱게 바라보는 부모는 없다. 자식에게는 언제나 사이좋게 지내라고, 너희들은 한배에서 나왔다고 말하는 것이 부모이다. 따라서 세상 모든 현상을 동일한 모태에서 나왔다고 보는 일원론이 표면상 달라 보이는 것들에서 대립하며 싸우는 모습보다는 조화와 균형을 이루는 모습을 보게 되는 것은 당연한 일이다. 또한 열 손가락 깨물어 안 아픈 손가락 없다고 자식 모두를 나름대로 귀하게 여기는 것이 부모이듯이 모든 현상이 다 의미가 있다고 보는 것이 일원론이다.

일원론적인 사유를 하나의 이미지로 표현하고 있는 것이 바로 태극기의 태극문양이다. 붉은색과 푸른색이 서로 감싸면서 화해롭게 공존하고 있지 않은가? 둘이 나름대로 존재 의미를 갖고 조화를 이루는 것, 그것이 일원론이다.

이쯤 되면 다원주의가 어떠한 것인지는 자명해진다. 우선은 이 세상에 존재하는 온갖 다양한 생각, 가치관에 나름의 의미와 존재 근거를 주는 것이 다원주의이다. 그것들 간의 조화와 화해를 중시하는 것이 다원주의이다. 그것들이 화해하며 손잡고 지내야 하는 것은 그것들을 낳은 모태가 같기 때문이다. 따라서 그것들은 겉보기에는 달라도 서로 연결되어 있고 관계를 맺고 있다. 그것이 바로 다원주의의 두 번째 의미이다.

따라서 우리에게 다원주의의 사고를 가능하게 하는 것은 일원론적인 사고이다. 일원론의 일원은 원칙이 하나라는 뜻이 아니라 모태와 근원이 하나라는 뜻이다. 다른 모양을 한 현상들도 그 현상을 낳은 모태는 같으니까 사이좋게 지내야 한다는 것, 그것이 일원론의 원칙이다. 반대로 이원론은 이질적인 것들을 낳은 모태나 원칙 역시 이질적이라는 생각에서 나온다. 세상을 선과 악으로 나누는 이원론은 선을 낳은 뿌리와 악을 낳은 뿌리는 서로 다르다는 생각을 그 전제로 하고 있다.

자, 이제 잉창치 룰을 다시 한 번 살펴보자.

잉창치가 새로운 룰을 만든 것은 바둑은 조화라는 것을 강조하기 위해서이다. 우선 180개의 돌을 가지고 바둑을 시작한다는 것 자체가 의미가 깊다. 알다시피 바둑판은 가로 세로 19줄로 되어 있다. 따라서 반상에는 모두 361(19×19)개의 점이 존재한다. 만일 흑백이 이상적인 조화를 이룬다면 한가운데 천원을 비워 놓은 채 바둑판이 흑백 360개로 빼곡하게 채워지는 일이 벌어지게 될 것이다. 즉, 죽은 돌은 하나도 없게 된다. 그것은 바둑을 시작할 때 할당받은 180개의 돌이 바둑판이라는 우주 안에서 상대방과 조화를 이루면서 모두 나름대로 자기가 살 공간을 마련했다는 것을 의미한다.

하지만 현실에서 그런 일은 벌어지지 않는다. 그건 이상일 뿐이다. 흑백을 갖고 바둑 두는 사람 간의 능력에 차이가 있고 생각에 차이가 있기 때문에 완벽한 조화를 이루는 일은 불가능하다. 즉, 제자리를 찾아주지 못한 돌이 생긴다. 그게 죽은 돌이다. 죽은 돌을 집어 와서 제 통 속에 다시 넣는 것은 그 돌에게 제자리를 찾아 주는 데 실패했으니 다시 책임을 지라는 뜻이다. 그 돌은 상대방과의 경쟁에서 진 돌이 아니라 우주와 조화를 이루는 데 실패한 돌이다. 상대방과 경쟁해서 이기는 것이 아니라 상대방과 조화에 성공하기, 그것이 잉창치 룰의 본령이다. 그래서 우주(바둑판) 안에 자리를 잡아 주지 못한 돌이 많은 사람이 진다. 바둑은 상대방을 잡는 경기가 아니라 자기 돌을 살리는 경기로 바뀐다. 물론 승부가 존재하는 경기니까 잉창치 룰에도 경쟁은 있다. 하지만 경쟁은 상대방과 하는 것이 아니라 자신과 한다. 그래서 게임에서 지더라도 상대방에게 지는 것이 아니라 자신과의 싸움에서 지는 것이 된다.

잉창치 룰에 의해서 바둑은 집짓기 싸움이 아니라 자신이 살 만한 공간 만들기로 바뀐다. 전쟁터가 도사들의 신선 놀이터로 바뀐 격이다. 물론 신선놀음으로 변한 바둑에서도 승부는 있다. 지기도 하고 이기기도 한다. 게다가 잉창치 룰로 바둑을 두건 일반 룰로 바둑을 두건 승패의 결과는 같다. 또한 가장 이상적인 바둑, 그러니까 흑백 각각 180개씩 360개의 바둑알이 천원만 비워 놓은 채 바둑판 안에서 모두 살아 있는 바둑을 두는 일은 불가능하다. 그건 유토피아일 뿐이다. 하지만 그런 정신을 가지고 바둑을 두는 것과 그런 큰 그림 없이 바둑을 두는 것은 바둑을 두는 태도도 영 달라지고 결과를 대하는 태도도 영 달라진다. 엄밀한 의미에서 잉창치는 변혁을 한 것이 아니다. 원래 바둑은 조화라고 하지 않는가? 현대에 이르러 바둑은 조화라기보다는 승부가 된 감이 있지만 그렇더라도 바둑이 본래 지닌 조화의 정신은 바둑 안에 고스란히 남아 있다. 잉창치가 새로운 룰을 만든 것은 그 바둑의 기본 정신을 더 강조하기 위해서일 뿐이다.

우리는 바둑을 인생의 축소판이라고 흔히 말한다. 살면서 벌어질 수 있는 온갖 일이 그 안에서 다 벌어진다는 뜻일 것이다. 바둑이 그러하듯이 우리는 남들과 경쟁 없는 사회에 살 수 없다. 하지만 조화라는 큰 그림을 가지고 경쟁하는 것과 완벽한 제로 섬 게임으로 세상을 보면서 경쟁하는 것과는 그 과정과 결과가 너무 다르다. 조화를 중시하는 마음은 언제나 상대방을 염두에 둔다. 나와 다른 남을 경쟁 상대로 인식하는 것이 아니라 남과의 조화를 통한 일체감을 더 중시한다. 조화를 중시하는 마음은 남에게 너그럽고 자신에게 엄격하다. 그 모두가 이질적인 것들이 서로 연결되어 있다는 생각, 이질적인 것들 사이에 맥을 볼 줄 아는 눈에 의해 가능한 것이다. 다원주의는 다양한 이질적인 생각들에게 각기 존재의 의미를 주면서 동시에 그것들을 전체와의 조화의 관점에서 서로 연결시키는 정신이다.

하지만 진정한 다원주의는 거기에서 그치지 않는다. 일원론은 이원론과 대립하면서 동시에 이원론도 감싼다. 진정한 일원론적 사유는 이원론과도 조화와 균형을 꾀한다. 그럴 때 조화와 균형의 정신은 한 단계 업그레이드된다.

진정한 조화는 전사도 껴안는다

삼장법사와 손오공*

『서유기』는 삼장법사가 손오공과 저팔계와 사오정을 대동하고 서역으로 불교 경전을 찾아가는 일정을 그린 동양의 고전이다. 누구나 잘 알고 있다. 여러 인물들이 등장하지만 그 소설의 두 주인공은 역시 삼장법사와 손오공이다. 하지만 그 소설에서 단 한 명의 주인공을 꼽으라면 누구를 택해야 할까?

많은 사람들은 손오공을 꼽을지 모른다. 하지만 내가 보기에 그 소설의 중심에 있는 인물은 아무래도 삼장법사이다. 왜 삼장법사를 중심에 두어야 하는지는 그 소설의 의미를 생각해 보면 금방 알 수 있다.

『서유기』의 일차 의미는 불교의 전파에 있다. 그러나 그 소설을 우

---

* 이 내용은 졸저 『싫증주의의 힘, 상상력』에서 빌려왔음을 밝힘.

리는 구도(求道)의 소설로 읽을 수도 있다. 그 소설을 구도 소설로 읽으면 서역을 찾아가는 일정은 득도의 길이며 그 과정에서 겪는 모험들은 득도의 과정에서 겪게 되는 온갖 고난과 어려움으로 해석할 수 있다. 득도에 이른다는 것은 무엇을 의미하는가? 그것은 성스러운 곳이나 성스러운 것을 찾아 스스로 초월을 경험하고 초월자가 된다는 것을 의미한다. 그런 의미에서 『서유기』는 성배(聖杯)를 찾아 모험의 길을 떠나는 서양의 기사도 소설과 비슷한 의미를 갖고 있다고 볼 수 있다.

그런데 그 득도의 과정에서 초지일관 목표를 향해 나가는 것은 삼장법사지 손오공이 아니다. 손오공은 툭하면 도중에 도망을 가려 하고 괴물을 물리치고 나면 그에 만족하고 만다. 왜 괴물을 물리쳐야 하는지 목표의식이 없다. 그래서 늘 중도에 주저앉으려 한다. 한마디로 목표도 없고 항심도 없다. 항심이 있는 것은 삼장법사이다. 그는 손오공을 꾸짖으며 그 험난한 길을 계속해서 헤쳐 나간다. 그러니 그 소설의 중심에 있는 것은 삼장법사라고 볼 수 있다. 그렇다면 손오공은 단순한 보조자일 뿐일까?

내가 그 소설에서 아주 재미있는 사실을 발견하게 된 것은 지금은 고인이 된 고우영 화백의 『만화 서유기』를 읽으면서이다. 고우영 화백은 몇 명의 캐릭터를 만들어 놓고 그 캐릭터를 다른 식으로 분장시켜 여러 작품에 등장시키는 것으로 유명하다. 그가 창조한 캐릭터 중 가장 두드러지는 것은 예쁜 남자의 이미지를 가진 인물이다. 그 인물을 그는 일지매로 출연시키기도 하고 삼장법사로 출연시키기도 한다. 그가 창조한 캐릭터는 그에게는 영화배우와도 같다.

그러니까 삼장법사는 여성적 특징을 가진 남자이다. 나는 고우영 화백의 『서유기』를 보다가 깜짝 놀랐다. 삼장법사가 입을 가리며 '호호호' 하고 웃는 것이 아닌가? 그렇다면 삼장법사는 남장을 한 여자, 혹은 여성성 자체가 아닌가?

바로 그 장면에서 내게는 융의 아니마와 아니무스라는 개념이 떠올랐다. 융은 인간의 깊은 심리 속에는 문화와 역사의 차이를 넘어서는 공통 특질이 들어 있다고 말했다. 그것이 그가 사용한 원형 개념이다. 융이 그 원형 중의 원형으로 꼽은 것이 바로 아니마와 아니무스이다.

융은 인간의 깊은 심리 속에는 생물학적인 성(性)과는 무관하게 남녀 양성이 존재한다고 말했다. 즉, 심리적인 측면에서 볼 때 남성 속에도 여성적 특성이 존재하며 여성 속에도 남성적 특성이 존재한다는 것이다. 그리고 그는 남성 속의 여성적 특성을 아니마라고 불렀고 여성 속의 남성적 특성을 아니무스라고 불렀다. 그는 아니마와 아니무스의 개념을 통해 심리적으로 인간은 남녀 양성이라는 것을 보여 준다. 인간 존재가 이미 다원적인 존재라는 것이다.

아니무스가 행동 지향적이라면 아니마는 행복한 몽상에 잘 빠지는 경향이 있다. 아니무스가 전투적이라면 아니마는 평화 지향적이다. 아니무스가 합리적인 사고를 지향한다면 아니마는 상상력을 낳는 모태가 된다. 아니무스가 외향적이며 표면으로 표출되려 한다면 아니마는 깊은 심리 속으로 내려가려는 경향이 있다. 아니무스가 현실적이며 깨어 있는 정신을 가능하게 한다면 아니마는 순수하고 비현실적인 생각을 낳는다.

그렇다면 손오공은 바로 아니무스의 화신이고 삼장법사는 아니마의 화신으로 볼 수도 있는 것이 아닌가? 그런 식으로 다시 『서유기』를 읽으면 정말 재미있게 그 소설을 읽을 수 있다. 손오공의 모든 행동은 아니무스의 특성과 그대로 부합하고 삼장법사의 모든 행동은 아니마의 특성과 부합한다.

삼장법사는 서역을 찾아가야 한다는 항심을 지니고 있지만 그 과정에서 늘 사고와 문제를 일으킨다. 변신을 한 괴물에게 번번이 속아넘어가는 건 언제나 삼장법사이다. 변신을 한 괴물의 정체를 알아보고 여의봉으로 내려치는 것은 언제나 손오공의 몫이다. 심지어 삼장법사는 그런 손오공을 꾸짖기까지 한다. 그는 순수하기만 할 뿐 현실 감각을 갖고 있지 않다. 때로는 아주 바보 같기도 하다. 삼장법사에게는 구도의 길을 향한 항심은 있지만 모험을 극복하는 것은 그의 몫이 아니다. 그가 그 항심을 실현하려면 손오공의 힘이 필요하다.

하지만 손오공은 영리하고 현실감이 있지만 항심이 없다. 그는 눈앞의 괴물의 정체를 알아보고 그 괴물을 물리치지만 그것으로 끝일 뿐이다. 왜 괴물을 물리쳐야 하는지, 왜 그런 고난의 행로를 계속해야 하는지 목표도 없고 비전도 없다. 그래서 그는 그 순간순간에 만족하고 주저앉으려 하며 중도에 그만두기를 간절히 원한다.

삼장법사가 아니마, 즉 여성성의 화신이며 손오공이 아니무스, 즉 남성성의 화신임을 보여 주는 결정적인 증거가 있다. 손오공이 들고 다니는 무기는 여의봉이다. 그가 "커져라, 세져라."라고 주문을 외우면 여의봉은 길이가 늘어나 단단한 무기가 된다. 영락없는 남성 성기의 상징이다. 그렇다면 삼장법사의 무기는 무엇인가. 바로 손오공의 머리에 씌워 놓은 둥근 고리이다. 삼장법사는 손오공이 딴 마음을 품을 때마다 주문을 외워 그를 제압한다. 그것은 영락없이 여성의 성기를 상징한다.

삼장법사가 여성을 상징하는 무기로 남성성의 화신인 손오공을 제압한다는 데에 이 소설의 깊은 의미가 있다. 그 깊은 의미는 『서유기』를 서양의 기사도 소설과 비교해 보면 금방 드러난다.

성배를 찾아가는 서양의 기사도 소설에서 주인공은 언제나 남성이고 영웅이다. 서양의 기사도 소설에서 여자는 두 가지 양상으로 등장할 뿐이다. 여성이 긍정적인 모습으로 나타나면 영웅의 애인이 된다. 그 애인은 영웅이 목표를 달성하고 무사히 돌아오기를 빈다. 그 애인을 향한 사랑은 영웅이 고난을 겪을 때 그에게 용기를 주고 힘을 주는 역할을 맡는다. 하지만 애인은 언제나 보조자일 뿐이며 영웅이 보호해야 할 대상일 뿐이다.

그리고 대부분의 경우 여인은 영웅을 유혹하는 마녀로도 나타난다. 영웅이 모험의 길에 만난 마녀들은 영웅을 유혹해서 그 힘든 과업을 중도에 그만두라고 부추긴다. 그 마녀들은 끊임없이 교태를 부리며 "쉬어 가세요."라고 말한다. 사이렌이 그러하며 로렐라이 언덕의 인어들이 바로 그러한 존재들이다. 그 덫에 걸리면 영웅의 모험의 행로는 중도에 좌초하고 만다. 그녀들이 바로 팜므 파탈들이다.

그러나 『서유기』에서는 그 여성이 모험 행로의 당당한 주인공이 된다. 바로 그 점에 동양과 서양의 상상력의 깊은 차이가 존재한다. 동양에서는 여성적인 부드러운 가치가 주도적인 역할을 맡는 것이다.

그러나 결정적인 차이는 다른 곳에 있다. 『서유기』는 삼장법사와 손오공이 동시에 득도에 이르는 것으로 끝이 난다. 항심을 가지고 득도의 길로 매진한 삼장법사만 득도에 이르는 것이 아니라 그를 도와 그 행로가 가능하게 한 손오공도 득도를 하는 것이다. 그들은 동시에 득도를 함으로써 같은 반열에 오르고 최상의 상태에서 한 몸이 된다. 그것은 이질적인 요소의 행복한 결합이요, 결혼을 뜻한다. 다시 융의 개념을 빌려서 말한다면, 아니마는 아니마대로 아니무스는 아니무스대로 각각 활성화되어 균형과 조화를 이루면서 한 인간이 완벽한 인격체에 이르는 것과(융은 그것을 개성화 과정이라고 불렀다.) 『서유기』의 결말은 그대로 부합한다. 그러나 서양의 기사도 소설에서 성배를 찾는 것은 언제나 영웅의 몫이다. 영웅이 목표를 성취하기 위해서는 싸움의 지략, 용기, 의지만 있으면 된다. 하지만 『서유기』에서는 그것만으로는 부족하다. 언제나 모순되는 것이 조화를 이루면서 함께하는 것이 필요하다. 만일 삼장법사 혼자였다면 어떻게 되었을까? 아마 서역으로 향하는 여정에서 첫 번째 만난 괴물에게 잡아먹혀 버렸을 것이다. 하지만 손오공 혼자였다면? 아마 애당초 서역으로 갈 마음조차 먹지 않았을 것이다. 원숭이 무리의 왕으로 만족하며 지냈을 것이다. 달리 말한다면 그냥 짐승처럼 살면서 만족했을 것이다.

『서유기』는 이질적인 존재들, 성향들의 차이를 극명하게 보여 주면서 동시에 그러한 다양성이 인간 내부에 존재한다는 것도 보여 준다. 그리고 그 이질적인 것들 간에 우열관계를 두는 것이 아니라 그것들의 조화와 결합이 중요하다는 것을 보여 준다. 바로 거기에 다원성의 진정한 의미가 있다. 『서유기』에서 볼 수 있듯이 다원적인 인식은 가장 비슷한 것들 사이에서만 조화와 맥을 보지 않는다. 가장 이질적인 것과도 조화를 꾀하고 그것들을 궁극적으로 연결시킨다.

따라서 다원주의 사회를 살아가는 우리에게 무엇이 필요한지는 자명해진다. 우리가 다원적 인식을 갖는다는 것은 우리가 갖고 있는 인식, 지식, 정보를 다른 것과의 관련하에서 파악하는 능력을 갖는다는 것을 의미한다. 다원적 인식은 일정 부분에 대한 논리의 정교화나 전문화를 통해 획득되는 것이 아니다. 다원적 인식은 우리가 갖고 있는 지식이나 정보를 커다란 맥락 속에서 파악하는 능력, 전체와의 관련하에서 사고하는 능력을 통해 획득될 수 있다.

그렇다. 다원주의 사회에서 우선 중요한 것은 맥락을 보는 눈이다. 맥락을 보는 눈을 통해 우리는 전체와의 조화와 균형을 꾀할 수 있다. 또한 맥락을 보는 눈을 통해 자신이 하는 일에 대해 보다 거시적인 관점을 가질 수 있다. 따라서 어느 한 분야에서 뛰어난 전문가가 되기 위해서도 다른 것들과의 맥을 볼 줄 아는 눈을 키워야만 한다. 예를 들어 경제에 뛰어난 전문가가 되기 위해서도 사회학, 역사, 심리학, 생물학에 대해 아는 것이 필요하다. 가능하다면 자연과학에 대해서도 관심을 가져라. 경제학의 첨단이라 일컬어지는 행동경제학은 첨단의 과학과 손을 잡은 경제학자의 창안물이 아닌가? 계산에만 능한 경제인은 오히려 전문성을 상실한다. 맥락을 고려하지 않은 전문성은 창의성이 결여된 채 전체를 망치는 경우까지 있게 된다. 이런 비유가 가능할지 모르겠지만 최악의 경우 암 세포 같은 것이 되지 말란 법이 없다. 암 세포란 무엇인가? 아마 자신만의 틀 안에 갇힌 채 자신이 전문가라고, 자신이 가장 효율성이 있다고 믿는 존재인지도 모른다. 효율성이라는 단어에 갇혀 전체와의 맥락을 거부하는 눈먼 존재인지도 모른다. 암세포의 특성은 왕성한 자기 증식력에 있다. 그 어떤 세포보다도 가장 효율적으로 자기 증식에 성공한다. 하지만 어디까지 증식을 하는가? 자기의 삶의 터전 전부를 죽일 때까지 증식한다. 따라서 전체 맥락을 고려하지 않고 부분에만 닫혀 있는 정신은 잘못하면 암세포와 같이 될 수도 있다고 과감하게 말하자. 창의적이 되기 위해서는 건강해져야 하는 이유가 거기에 있다. 내가 건강해져야 나도 살고 나를 살게 한 터전도 산다. 내가 나를 둘러싸고 있는 모든 것들과 연결되어 있다는 유기적인 생각이 그 건강함의 기본이다. 그리고 그것이 다원주의의 기본 정신이다. 내가 다원주의 정신에 입각한 새로운 경영·경제학 이론에서 건강함의 징후를 볼 수 있는 것도 그 때문이다.

창의성은 시스템에서 온다

상생, 연결, 유기적 시스템

조화와 맥을 보는 상생의 경영학

이제 롤프 옌센이 왜 "그동안 기업은 돈을 버는 것, 그러니까 성장 지상주의를 추구해 왔지만 앞으로는 조화와 균형을 중시하는 새로운 경영 철학이 요구된다. 경제도 '더, 더, 더'라는 성장 논리만으로는 이제 지탱할 수가 없다. 자연은 조화와 균형을 내포하고 있다. 앞으로는 제품을 만들 때도 인간과 자연과의 균형, 사회의 균형을 생각해야 한다."라고 말했는지 정확하게 이해할 수 있을 것이다.

롤프 옌센은 조화와 균형이라는 단어를 직접적으로 사용하면서 다원주의 사회를 살아가는 정신의 정곡을 찌르고 있는 셈이다. 그는 조화와 균형이 단순히 형식적인 것이 아니라 내적인 일체감을 바탕으로 하고 있다는 것도 정확하게 지적한다. 그는 "드림 소사이어티 시대의 기업 조직과 문화라면, 조직 내의 인정(recognition)이 스톡옵션이 주는 만족감을 충분히 상쇄해 줄 수 있을 겁니다."라고 말한다. 조직 내에서 인정을 받음으로 인해 얻는 만족감은 가정에서 부모나 형제, 자녀로부터 받는 정서적 만족감과 비슷하다는 그의 말은 현대 다원주의 사회의 중요한 가치가 정서적 일체감에 있음을 정확히 지적한 것이다. 그뿐만이 아니다. 요즘 사회 공헌 등 선행을 하는 회사들도 늘고 있다. 그런 현상에 대해 옌센은 "기업 자체도 이윤의 극대화가 주는 만족감보다는 환경을 지키고 가난한 사람들을 도움으로써 발생하는 정서적 만족감에 점점 더 몰두하기 시작했다."고 말한다. 사회에 기여하면서 정서적 만족감을 느끼는 것은 자신이 몸담고 있는 사회와 일체감을 가질 때 가능한 일이다.

또한 김위찬 교수는 "블루 오션은 가치 혁신을 통해 다시 창출된 새로운 시장 공간이다. 전혀 새로운 가치 도약을 통해 경쟁 자체를 무의미하게 만들어 버리는 것이다."라고 말한다. 경쟁에서 이기려면 경쟁의 마인드 자체를 포기하라고 권하는 그의 블루 오션 전략은 하나의 전략이라기보다는 고급한 생의 철학이기도 하다.

다원주의 사회에서 이질적인 것의 공존, 그것들의 관계가 얼마나 중시되고 있는가는 미래 전략 컨설턴트인 리처드 왓슨이 한 인터뷰에서 미래 세상의 가장 큰 특징을 묻는 질문에, "얼핏 봐서는 도저히 공존하기 힘들 것 같은 양상들의 공존, 즉 '양극화'와 '공존'으로 정리할 수 있겠다."라고 답한 것에서도 그대로 드러난다.

이질적인 것의 연결을 중시하는 흐름

　21세기의 특징을 이질적인 것들 간의 연결로 보고 그 연결 자체에서 새로운 비즈니스 모델을 찾아 개념화한 사람이 바로 리처드 슈말렌지 MIT 경영대학원 교수이다. 그는 21세기의 유망한 비즈니스 모델의 하나로 '촉매 기업'을 내세운다. 촉매 기업이란 '제품을 직접 만들지 않으면서 중간에서 엄청난 돈을 버는 기업'을 말한다. 그는 인터넷 기술이 발전하고 통신비용이 급격히 저렴해지면서 인터넷 이용자들이 시공간을 뛰어넘어 보다 쉽게 상호작용하고 있는 현실에서 전통 기업에 비해 촉매 기업의 역할이 점점 더 중요해진다고 말한다. 연결의 상상력을 비즈니스 모델로 삼은 기업들이라 할 만한데, 싸이월드, 인터파크, 옥션 등이 그에 속하고 결혼 정보 회사나 신용카드 회사도 넓게 보면 촉매기업의 일종이다.

　슈말렌지의 촉매 기업이라는 개념을 제쳐 두고라도 현대는 정말 연결의 시대라 할 만하다. 대학교에서도 학제 간 교류는 이제 진부한 주제가 되었으며 현재 세계적 문화 트렌드의 하나는 장르와 장르의 접목, 문화와 문화 간의 접목이 되었다고 해도 과장이 아니다. 또한 애플 사의 아이맥 광고, '애플은 맛있다'에서처럼 시각적이고 청각적인 광고 브랜드에 미각과 후각을 연결시키는 시도도 행해지는 등, 따로따로 떨어져 있던 것들이 갑자기 알지 못할 신비스러운 힘에 이끌려 함께 모이고 손을 잡기 시작한 시대처럼 보이기도 한다.

하지만 다원주의는 단순히 이질적인 것들을 이것저것 병렬적으로 늘어놓는다고 해서 실현되는 것이 아니다. 이질적인 것들 내에 존재하는 공통 특질, 혹은 공통분모를 인정하고 알아볼 때라야 진정한 다원주의 정신을 실현할 수 있다. 이질적인 것들 사이에서 접점을 찾을 수 있는 눈이 있어야 진정한 연결이 가능해지고 새로운 것의 창조가 가능해진다. 그 창조는 기존에 존재하던 것을 파괴함으로써 이룩되는 창조가 아니다. 기존에 존재하던 것들이 공통분모를 접합제로 하여 만남으로써 새로운 것을 만들어 내는 것이 창조이다. 장르와 장르, 혹은 문화와 문화가 결합하여 그 장르나 문화의 파괴가 일어나는 것이 아니라 새로운 독특한 장르나 문화가 형성되는 것, 그것이 다원주의의 참 의미이다.

과거 정부 시절에 행해졌던 우리의 교육 개혁은 바로 그 점을 착각하면서 오히려 교육을 파괴하는 잘못을 저지른 대표적인 예이다. 새로운 학문을 탄생시키려면 학문과 학문의 경계를 허무는 일이 필요하다면서 전공 학문 자체를 없애려는 시도를 했기 때문이다. 학문과 학문의 경계를 허문다고 새로운 학문이 탄생하는 것은 아니다. 또한 학문과 학문을 슈퍼마켓의 상품들처럼 단순히 병렬적으로 늘어놓아 경쟁을 시킨다고 해서 새로운 학문이 탄생하는 것도 아니다. 새로운 학문은 이질적인 학문들이 만나서 소통할 수 있게 됨으로써 탄생하는 것이다. 학문 간에 존재하는 경계의 의미를 학문들을 단절시키는 벽의 성격에서 벗어나 이질적인 학문들이 만날 수 있는 접점과 문턱으로 변화시킬 수 있을 때 새로운 학문이 탄생하는 것이다.

이질적인 것들이 만나 새로운 기능을 탄생시키는 아주 좋은 예를 하나 들어 보기로 하자. 바로 우리가 일상에서 자주 사용하는 '육감(六感)'이라는 단어이다. 우리는 다섯 가지 감각을 지니고 있다. 시각과 청각과 미각과 후각과 촉각이 바로 그것이다. 그리고 그 감각을 담당하는 기관들이 실제로 존재한다. 하지만 육감을 느끼는 기관은 없다. 육감은 구체적이고 실제적인 오감들이 만나서 탄생시킨 새로운 감각이다. 육감은 각각의 감각들이 지닌 한계를 벗어난 새로운 감각이다. 하지만 육감은 오감들을 없애고 생겨나는 감각이 아니다. 각각 따로따로 떨어져 기능하던 감각들이 공통의 목표하에 협력해서 창조된 감각이다. 좀 어려운 단어로 상징주의 시인들이 애호한 공감각 현상이 바로 그것이다. 구체적인 감각기관들이 만나 육감(공감각)을 탄생시키면 보이지 않는 것, 실제로 존재하지 않는 것을 볼 수 있는 능력이 생긴다고 상징주의자들은 믿었던 것이다. 하지만 실은 그렇게 어렵게 생각할 것도 없다. 텔레비전 음악 프로나 현란한 뮤직 비디오가 노리는 것도 일종의 공감각 효과이다. 텔레비전 음악 프로에서 우리의 청각만을 만족시키는 경우는 아주 드물다. 우리의 시각을 현란하게 자극할 뿐만 아니라 심지어는 다른 감각들을 자극하는 경우도 있다.

슈말렌지가 말한 촉매 기업의 경우도 마찬가지다. 촉매 기업이란 생산자와 소비자를 단순히 연결시키는 기업이 아니다. 슈말렌지는 그 둘이 공유하고 있는 접점을 찾아 새로운 가치를 창조하는 기업이 바로 촉매 기업이라는 것을 자주 강조한다. 그가 "촉매 기업이란 양면 기업이며 서로 다른 집단 간의 상호작용을 원활하게 유지해 주는 것이 중요하다."라고 말할 때 그는 이질적인 것의 연결의 의미를 정확히 꿰뚫고 있는 셈이다. 그는 남성과 여성을 한 자리에 모아 놓고 '연애'라는 새로운 시장을 창출하는 나이트클럽도 양면 기업인 셈이라는 말까지 한다. 연애라는 새로운 시장은 남자와 여자라는 경계를 없앤다고 해서 탄생하는 것이 아니다. 남자와 여자인 채 그들이 새롭게 만나야 탄생하는 것이다. 연결의 상상력은 새로운 가치를 창출하는 데 그 본령이 있다는 것을 강조하기 위해서 그는 나이트클럽의 예를 들었을 것이다.

유기적인 관계를 중시하는 흐름

이쯤 와서 우리가 가지고 있는 대표적인 편견 하나를 또 수정하기로 하자. 그것은 창의력이란 결코 개인의 산물이 아니라는 것이다. 창의적 상상력은 예술가의 전유물이 아니다. 세계적인 안무가이자 현대 무용가인 트와일라 타프는 그의 저서 『창조적 습관』에서 "누구나 창조적이 될 수 있다."라고 말한다. 또한 『티핑 포인트』와 『블링크』라는 두 권의 책으로 「월 스트리트 저널」이 선정한 '세계에서 가장 영향력 있는 경영 사상가 20인' 중 4위를 차지한 말콤 글래드웰은 "성공은 영웅적인 한 개인의 작품이 아니라, 부모의 지원과 사회적 환경, 문화적 유산 등 철저히 '그룹 프로젝트'의 결과이다. 그러니, 자수성가했다고 떠드는 사람들의 말을 곧이곧대로 믿지 말라."고 말한다. 「워싱턴포스트」지에 이어 「뉴요커」지 기자로 활동하고 있는 그가 그런 말을 할 수 있었던 것은 그의 비즈니스에 관한 통찰력이 심리학과 사회학·인류학 등에 관한 광범위한 지식을 바탕으로 하고 있기 때문이라는 것이 내 생각이다. 또한 현대의 가장 영향력 있는 경영 사상가의 한 사람인 토머스 프리드먼은 『세계는 평평하다』라는 책에서 "현대 경영의 가장 효율적인 방법은 내가 모든 것을 소유하는 것이 아니라, 글로벌 공급 사슬을 편성해서 팀으로 움직이는 것이다."라고 말한다. 영국 런던 비즈니스스쿨(LBS) 객원교수인 리처드 해멀도 "다양한 시각으로 구성된 팀이 적극적으로 도전하는 과정에서 혁신과 창조가 나온다."라고 말하면서 팀을 중시한다. 모두 합리적 판단보다는 직관과 통찰력과 창의성을 무엇보다 중시하고 창조적 경영 방법을 모색하는 사람들이다. 그런데 그들은 이구동성으로 개인을 중시하는 것이 아니라 그룹을 강조하며 팀워크를 중시한다. 무엇 때문일까?

MIT의 피터 생게 교수는 시스템이라는 단어를 사용해서 우리의 질문에 답한다. 그는 "시스템적 사유는 부분과 전체의 관계를 통합적으로 이해하는 사람이다."라고 말한다. 그는 IQ 130인 사람들이 모였는데 조직 전체의 수준은 60에 머무는 일이 얼마든지 가능하다고 말한다. 혁신은 톡톡 튀는 개인적인 역량에서 오는 것이 아니라 호기심을 가진 다양한 개인들을 한데 모으는 데서 온다고 그는 말한다. 창의성이란 개인에게서 오는 것이 아니라 창의성을 발휘할 수 있는 시스템에서 온다는 것이다.

사실 창의성과 관련하여 우리를 가장 헷갈리게 하는 것이 개성적 사고와 시스템적 사고의 관계이다. 일반적으로 우리는 그 둘을 대립시키는 데 익숙해 있다. 개성을 개인적인 것과 동일시하고 시스템을 집단적인 조직과 동일시하기 때문이다. 하지만 개성과 시스템은 반드시 대립되는 개념이 아니다. 우리가 일원론과 이원론에 대해 살펴보면서 이해했듯이 중요한 것은 개성과 시스템의 관계이다. 그 관계를 어떻게 보느냐에 따라 기계적 사유와 유기적 사유의 차이가 생긴다.

기계적 사유에서도 전체 시스템이 무엇보다 우선시된다. 하지만 그때의 시스템이란 개인의 개성이 사라진 시스템이다. 가장 적절한 예로 군대 조직을 들 수 있다. 군대는 계급으로 움직이는 가장 단단한 조직이다. 군대는 일사불란한 조직 속에서 개인이 사라진 사회이다. 그런 조직에서 가장 큰 덕목은 대(大)를 위해 소(小)를 희생하는 것이다. 조직의 이익과 효율성을 위해 개인의 욕망을 죽이는 것이 가장 큰 덕목이 된다. 그 조직에서는 엄밀한 의미에서 개인은 사라진다. 개인은 조직의 한 부품이 된다. 기계적 조직에서 개인의 개성이 강조되다 보면 조직이 허약해진다. 폭력배 조직도 마찬가지다.

하지만 유기적 시스템에서는 개인과 개인, 개인과 조직이 모두 연결되어 있다. 개인과 개인뿐만 아니라 개인과 전체도 공통 특질을 공유하고 있다. 또한 개인과 전체가 확실하게 구분되지도 않는다. 부분은 전체의 일부분이면서 그 속에 이미 전체가 들어 있는 것이 유기적 조직이다. (그 점에 대해서는 다음 장에서 자세히 살펴보게 될 것이다.) 따라서 개인의 창의성이 곧바로 전체 시스템의 창의성으로 연결되는 것이 유기적 조직이다.

그 점을 염두에 두면 우리는 아주 역설적인 결과와 마주하게 된다. 전체 조직을 우선시하는 기계적 조직이 그 조직원들을 더 개인주의적으로 만든다는 역설. 생각해 보자. 기계적으로 결속된 조직에서 중시되는 것은 우선 조직 자체이다. 그리고 조직을 위해 희생하거나 능력을 발휘할 수 있는 개인이 바람직한 개인이 된다. 그 개인들은 묘한 개인들이다. 겉으로는 큰 것을 위해서 자신을 희생하는 존재로 보이지만 실은 다른 개인들과 끊임없이 경쟁하는 개인들이다. 그 개인이 지닌 능력은 기계 부품의 성능과 같은 것이 된다. 성능이 뛰어나면 살아남을 수 있지만 성능이 떨어지면 언제고 교체될 수밖에 없는 그런 부품처럼 존재하는 것이 개인이며 보다 나은 성능을 보여 주기 위해 남과 경쟁할 수밖에 없는 것이 개인이다. 그러니 기계적 조직은 겉으로는 대의를 강조하면서 동시에 그 조직에 속한 개인을 개인주의자로 만든다.

하지만 유기적 조직이란 전체적 효율성의 이름으로 개인들을 경쟁으로 내모는 조직이 아니다. 유기적 조직이란 다양한 개인들이 창의성을 발휘하고 그것이 시너지 효과를 발휘하는 조직이다. 유기적 조직이란 개인의 창의성이 곧 조직 전체의 창의성과 연결되는 조직이다. 당신이 경영하는 조직이 유기적 조직이 되기를 꿈꾼다면 조직 내 개인을 탓하기보다는 당신의 조직이 조직 내 개인들을 부속품으로 고립시키는 기계적 시스템에 가까운지 아닌지를 문제 삼아야 한다.

이제 확실하게 말하기로 하자. 창의적 개인은 이미 개인이 아니다. 또한 창의적 상상력과 개인주의는 동의어가 아니라 반대말이다. 한 개인의 창의적 발상은 절대로 고립된 개인의 산물이 아니다. 창의적 사고 자체가 맥락을 볼 줄 아는 눈에 의해서 탄생한 것이기 때문에 그러하다. 또한 창의적 사고 자체가 한 개인의 산물이 아니라 그 개인이 속한 사회, 문화와 맥으로 연결되어 있기 때문이다. 따라서 개성적 사고는 이미 시스템적 사고이다. 단 그 시스템이 기계적 시스템이 아니라는 전제 하에서 그렇다.

이제 우리의 걱정은 상당히 줄어들었다. 창의성과 상상력을 강조하는 현대는 새롭고 기발한 것만 만들어 내려는 개인들을 무한 경쟁터로 내모는 시대가 아니라는 것을 알았기 때문이다. 글로벌리제이션이라는 단어는 세계가 무한 경쟁 터가 되었음을 우리에게 알려 주는 단어가 아니다. 지구는 분명히 좁아지고 있다. 하지만 정말 좁아져야 할 것은 사람들 간의 심리적 거리이다. 그래서 지구가 지구촌(村)이 되어야 한다. 우리의 지구는 상호 연결되어 있으며 우리는 지구 전체에 소속되어 있고 우리 자신이 지구 전체이기도 하다는 윤리의식이 살아 있는 지구촌. 그래서 에드가 모랭 같은 이는 아예 지구 조국의 개념을 우리에게 요구한다. 그는 말한다. "인류는 개인적, 사회적, 문화적 다양성을 뛰어넘는 공통의 유전적 정체성을 지니고 있으며 두뇌의 정체성과 감정적 정체성을 지니고 있다."고. 그는 우리에게 지구 조국의 가족으로서 일체감을 갖기를 요구한다.

그렇다. 다원주의 인식은 우리를 조각내는 것이 아니라 우리가 일체감을 갖게 한다. 그 일체감은 당위적 요구가 아니다. 합리주의, 혹은 기계론적 사유에 물들어서 사람들이 발견하기 어려웠던 엄연한 현실이다. 다원주의는 단 하나의 원칙을 부정한다. 단 하나의 중심이 존재한다는 것을 부정한다. 하지만 다(多)중심적이고 탈(脫)중심적인 사고는 우리를 흩어지게 하는 것이 아니라 여러 중심들을 커다란 맥락 안에서 서로 연결시킬 수 있게 한다. 하나의 기계적이고 객관적인 법칙이나 원칙에 의해 묶여 있는 개인들이 아니라 열린 주관성으로 긴밀하게 맺어진 개인들, 그것이 다원주의 사회에서의 개인이다. 그 개인들은 보이지 않는 맥을 보고 보이지 않는 전체를 볼 줄 아는 개인들이다. 그렇다면 그 보이지 않는 것을 어떻게 볼 수 있는가? 다음 장에서 우리가 다룰 주제가 바로 그것이다.

제5장

나는 보이지 않는 것을 본다, 고로 나는 창조한다

일 체 감 이 창 의 를 이 끈 다

"신(神)은 언제나 디테일 속에 있고 1%의 부족이 일 전체를 망친다."

_왕중추(중국의 경영 컨설턴트)

보이는 것이 전부가 아니다

실증주의 시대의 모순

본론으로 들어가기 전에 좀 가벼운 기분으로 시를 한 편 읽어 보기로 하자.

황금빛의 시행들

그래! 모든 것에 감각이 있다.

-피타고라스

인간이여, 자유로운 사색가여!

생명이 만물로 흩어져 퍼진 이 세상에서

오로지 그대만이 생각을 한다고 믿는가?

그대가 지닌 힘을 그대가 사용하는 것은 자유지만
이 우주 어디에도 그대의 의도는 받아들여지지 않느니.

동물들에게도 활동하는 정신이 있음을 존중하라;
모든 꽃은 대자연에 속한 개화한 영혼이며;
사랑의 신비는 금속에도 깃들어 있는 법;
〈모든 것에 감각이 있도다!〉
그리고 네 존재 위의 모든 것은 힘을 지니고 있도다.

두려워하라,
눈 먼 벽에도 그대를 염탐하는 시선이 있으니;
물질에도 말씀은 붙어 있는 법……
그것을 불경한 용도로 사용하지 말라!

종종 어두운 존재 안에 숨은 신이 거주하고 있으니;
마치 눈꺼풀에 덮여 태어나는 눈처럼
순수한 정신이 돌 껍질 아래서 팽창하도다!

19세기 프랑스의 시인이자 소설가인 네르발(Gérard de Nerval, 1808~1855)의 『공상』(1854)이라는 시집에 나오는 시들 중의 한 편이다. 어찌 보면 단순한 시라고 할 수도 있다. 더욱이 우리로서는 그다지 낯선 내용을 담고 있지 않다. 그래서 조금은 가벼운 기분으로 읽을 수도 있다. 하지만 19세기의 프랑스라는 맥락에서 보면 아주 파격적이고 위험한 시이기도 하다.

위의 시에는 온통 물활론(物活論animism)적이고 신비주의적인 범신론의 분위기가 휘돌고 있다. 만물이 살아 있고 만물에 신성함이 깃들어 있다. 영혼은 인간의 전유물이 아니라 동식물을 비롯해 심지어는 광물도 소유하고 있다. 모든 존재에 생명이 깃들어 있으며 모든 존재에 의미가 들어 있다. 심지어 금속에도 사랑의 신비가 깃들어 있다. 동양적 생기(生起)론(vitalisme)의 선언처럼 보이기도 한다. 우리에게 익숙한 느낌을 주는 것은 그 때문이다. 그런 세상에서 인간이 오만할 근거는 하나도 없으며 인간이 우주의 중심이 된다는 것은 큰 착각일 뿐이다. 인간이 지닌 사유 기능으로 인간이 만물을 관찰하고 분석하는 것이 아니라 세상의 만물이 오히려 인간을 관찰하고 염탐한다. 인간은 우주의 중심에 자리 잡고 있는 것이 아니라 우주에 품어져 있다.

위의 시가 당시 얼마나 파격적이었으며 심지어는 위험한 시였는가는 19세기 프랑스를 지배하고 있던 주된 인식이 실증주의였다는 것을 생각한다면 금방 짐작할 수 있다. 실증주의 시대란 속된 표현으로 '인간의 간이 배 밖으로 나왔던 시대'라고 보아도 된다. 인간의 힘, 더 정확히 말한다면 인간의 이성이 이룩한 과학의 힘으로 이 세상의 모든 비밀을 밝힐 수 있다고 믿은 것이 바로 실증주의이다. 심지어 과학이 발전하면 인간의 힘으로 지상에 유토피아를 건설할 수 있다고 믿은 것이 바로 실증주의이다.

그런데 위의 시는 그러한 생각에 정면으로 배치된다. 위의 시는 그러한 인간의 오만함을 한껏 비웃는다. 게다가 정통 기독교 교리의 입장에서 보자면 불경스럽기까지 하다. 초월적 가치가 속된 것들 안에 현현하고 있으며(물질에도 말씀은 숨어 있는 법), 신은 밝은 하늘이 아니라 어두운 존재 안에 숨어 있고 가장 순수한 것이 물질과 같은 속성을 지닌 채 물질 내부에 존재한다(돌 껍질 아래서 팽창하도다!). 지극히 신비주의적이다.

사실 네르발의 시가 보여 주는 세계관은 너무나 시대에 동떨어진 것이다. 거의 모든 사람들이 눈부신 과학의 발전 앞에서 환호하고 있는 가운데 갑자기 원시인이 나타난 것 같은 기분을 사람들이 느꼈을지도 모른다. 때가 어느 땐데 애니미즘이고 신비주의라니!

하지만 역설적이게도 그의 시는 시대를 너무 앞서 간 것이기도 하다. 네르발의 시에서 보여 주고 있는 세계관이 오늘날의 우리들이 겨우 새롭게 받아들이기 시작하고 있는 세계관과 아주 가깝다는 의미에서 그러하다. 그렇기에 네르발의 작품에 광인이 많이 등장하며 작가 자신도 결국 미쳐 버렸는지 모른다. 시대를 너무 앞서 간 사람이 정신병자 취급을 받게 되는 일은 인류 역사에서 언제고 벌어지는 일이다. 그의 시가 얼마나 시대를 앞서 갔는지 이번 장의 내용을 뒤따라가면서 우리는 저절로 확인할 수 있을 것이다.

니콜라스 케이지가 주연한 〈넥스트〉라는 영화가 있다. 그에게는 미래에 벌어질 일을 미리 볼 수 있는 능력이 있다. 그가 여주인공에게 "당신은 운명을 믿나요?"라고 묻는다. 여주인공은 물론 아니라고 대답한다. 누구나 미리 정해진 운명을 살게 되어 있다면 사는 게 무슨 재미가 있고 의미가 있을 것이냐는 말을 덧붙였던 것으로 기억난다. 아마 대부분의 사람들이 그 여주인공의 말에 동의할 것이다. '자신의 삶은 자신이 스스로 만들어 가는 것'이라는 이야기는 우리가 철이 들기 시작하면서부터 평생 듣는 교훈이기도 하다. 하지만 사람들은 사주를 보고 손금을 보며 점을 치고 관상을 본다. 내심으로는 은근히 운명을 믿는다. "당신은 정해진 운명을 믿는가, 아니면 우리의 운명은 우리 스스로 만들어 가는 것이라고 믿는가?"라는 양자택일의 질문 앞에서는 '우리의 운명은 우리가 만들어 가는 것'이라고 대답하는 것이 일반적이다. 하지만 실제로는 은근히 운명을 믿으면서 살아가는 것이 우리들이기도 하다. 우리는 그렇게 모순되는 삶을 살아간다.

단도직입적으로 말하자. 운명은 우리 스스로 만든다고 말하면서 은근히 운명을 믿기도 하는 일상의 우리 모습은 전혀 모순이 아니다. 보이지 않는 힘의 존재와 인간의 의지는 양자택일의 대상이 아니다. 우리는 보이지 않는 힘의 영향을 받고 있으며 동시에 그 보이지 않는 힘에 영향을 미친다. 우리는 보이지 않는 운명의 지배를 받으면서 동시에 그 운명을 스스로 만드는 존재이다. 단지 그 보이지 않는 힘을 부정하는 교육을 받았기에 그것을 부정하는 척할 뿐이다.

우리가 인용한 위의 시에서 네르발은 "네 존재 위의 모든 것은 힘을 지니고 있도다."라고 읊었다. 그의 시는 무엇보다 보이지 않는 곳에서 작용하는 보이지 않는 힘을 노래하고 있다. 바로 그 때문에 그의 시에는 신비주의적인 아우라가 감돈다. 그런데 그러한 시인의 영감에 동양 철학이 화답하고 심층 심리학자가 화답한다. 심지어 첨단의 생물학자와 물리학자들도 화답한다.

인간의 모든 생각과 행동을 낳는
근본 동인을 이해하라

히딩크의 마법, 그 너머의 진실

동양의 고전 중의 고전인 노자(老子)의 『도덕경(道德經)』을 펼치면 처음부터 저 유명한 유(有)와 무(無)의 개념이 나온다. 『도덕경』에서의 유와 무는 말 그대로 있는 것과 없는 것을 의미하지 않는다. 차라리 보이는 것과 보이지 않는 것으로 해석하는 것이 더 정확하다. 혹은 끊임없이 변화하는 현상계와 그 모든 변화의 궁극적 원인으로 해석하는 것이 더 정확하다. 유의 개념이 가시적인 현상, 끊임없이 변화하는 현상을 지칭한다면 무는 그러한 현상을 낳은 근본 원인 혹은 모태이면서 그 현상 속에 숨어 있는 우주 운용의 원리를 말한다. 『도덕경』의 무의 개념 덕분에 우리는 세상에 펼쳐져 있는 모든 현상의 원인을 현상 자체에서 찾지 않을 수 있게 된다. 무는 우리 눈에 보이지만 않을 뿐 유를 낳게 한 모태로서, 또한 만물유전의 궁극 원인으로서 엄연히 존재한다. 불교의 연기(緣起)라는 개념과도 일맥상통하며 우리가 흔히 쓰는 인연(因緣)이라는 단어와도 조응한다. 네르발이 노래한 '보이지 않는 곳에서 작용하는 보이지 않는 힘'은 그러한 무의 개념과 너무 가깝지 않은가.

한편 심층 심리학자인 융의 집단무의식이라는 개념은 어떠한가. 융은 일정한 공동 문화권에 속해 있는 사람들은 그들이 그 문화권에 속해 있다는 이유만으로 일정한 무의식을 공유하고 있다고 말했다. 그게 집단무의식이다. 집단무의식은 각 개인이 살아오면서 구체적으로 겪은 경험과는 무관하게 존재한다. 혹은 그 너머에 존재한다. 예컨대 한국 사람은 한국 사람이라는 이유만으로 다른 나라 사람과는 다른 무의식을 지니고 있다. 살아온 시대가 다르고 환경이 다르더라도 한국 사람들에게는 공통되는 무의식이 존재한다. 그 무의식은 보이지는 않지만 한국 사람들의 생각과 행동에 영향을 미친다. 또한 그 무의식을 통해 전혀 다른 시대, 다른 환경 속에서 살아온 사람들이 서로 맺어질 수 있게 된다. 그 집단무의식의 개념을 우리에게 익숙한 개념을 사용해 조금 좁혀 말한다면 기질 혹은 풍토라고 바꾸어도 아무 상관이 없다. 흔히 우리가 경상도 기질, 전라도 기질이라고 말할 때의 그 기질이 바로 그것이다. 또한 그 개념을 좀 더 폭넓게 전통(傳統)이라는 단어로 바꾸어도 상관이 없다. 그런 의미에서의 전통은 사라진 과거에 속한 것이 아니다. 전통은 현재의 우리의 삶과 미래의 삶에도 영향을 미치는 보이지 않는 힘이다. 전통이라는 보이지 않는 힘을 통해 우리는 까마득한 우리의 선조와도 맥이 통하고 아직 오지 않은 미래의 후손들과도 소통한다.

융의 집단무의식의 개념을 인류 전반으로 확장하면 원형이라는 개념이 나온다. 원형은 시대와 문화의 차이에도 불구하고 인간이라는 이유만으로 모든 인간들에게 공통으로 들어 있는 요인이다. 우리가 앞서 살펴본 아니마와 아니무스가 바로 그 원형들 중 대표적인 것이다. 원형은 집단무의식과 마찬가지로 인간의 모든 생각과 행동을 낳는 근본 동인이다. 융의 집단무의식과 원형의 개념을 인정한다면 한 사람의 사고나 행동의 원인을 그 사람의 구체적인 삶 내부에서 찾는 것은 근시안적이다. 그 모든 것의 원인은 더 먼 곳, 보이지 않는 곳에서 온다.

셸드레이크의 형태 발생의 장

동양의 고전 철학인 노장사상에 나오는 무의 개념이 서양의 현대 심리학의 집단무의식의 개념과 일맥상통한다는 것은 참으로 흥미로운 일이다. 그런데 더 흥미로운 일이 있다. 첨단 생물학과 물리학 이론들이 보이지 않는 제3의 원인의 존재를 아무런 망설임 없이 인정하고 있는 것이다. 마치 노장사상이나 융의 이론을 자연과학의 이름으로 증명해 주고 있는 것 같다. 그중 대표적인 이론을 하나 소개해 보기로 하자. 영국의 생물학자인 셸드레이크의 '형태 발생의 장(morphogenetic field)' 이론이다.

생물학자인 셸드레이크의 관심은 그 출발부터 일반 생물학과 다르다. 그가 애당초 관심을 가진 것은 지구상에 존재하는 모든 생명체들을 묶어 주는 공통분모가 무엇인가 하는 것이었다. 개를 예로 들어 보자. 지구상에는 무수하게 많은 개의 종자가 존재한다. 사냥개도 있고 애완견도 있으며 싸움개도 있고 잡종도 있다. 모두 다르다. 그리고 같은 종자 내에서도 각각의 개체가 지닌 능력이나 성격이 모두 다르다. 개뿐만이 아니라 다른 동물들도 마찬가지이고 사람도 마찬가지이다. 일반 생물학은 그 차이에 주목한다. 각각의 개체가 지닌 능력이나 성격의 차이에 주목한다. 그렇게 차이에 초점을 맞추게 되면 그 차이를 낳는 원인을 생물체 내부에서 찾게 된다. 그때 DNA를 중심으로 한 연구가 발전한다.

하지만 개의 종자가 무수하게 많다고 해도 개들에게는 공통 특질이 분명히 존재한다. 아무리 다른 모양을 하고 있더라도 우리는 개를 고양이로 잘못 보지는 않는다. 개는 어디까지나 개다. 셸드레이크는 "같은 개이면서 왜 개들이 그렇게 다른가?"에 초점을 맞춘 것이 아니라 "각기 다른 개들을 모두 개라고 인지하게 만드는 공통분모는 무엇인가? 무엇이 그 공통분모를 결정하는가?"에 초점을 맞추어 연구를 진행한다. 무수한 연구와 실험 결과 그는 아주 과감한 결론을 내린다. 지구상에 존재하는 모든 생명체들이 나름대로 지니고 있는 모양을 결정하는 원인이 생물체 내부에 존재하는 것이 아니라 생명체 외부로부터 온다는 것이다. 우리의 눈에는 보이지 않지만 모든 생명체의 모양과 형질을 결정해 주는 힘이 존재한다는 것이다. 그것이 바로 형태 발생의 장이다. 형태 발생의 장에서의 '장'의 개념은 전기장, 자기장의 '장'과 같은 개념이라고 보면 된다. 전기나 자기는 우리 눈에 보이지 않으나 공간 속에 분명히 힘을 발휘하면서 존재한다. 그는 자석이 우리 눈에 보이지 않는 자장이라는 존재에 둘러싸여 있듯이 생물체들도 우리 눈에는 보이지 않지만 분명 어떤 형태 발생의 장을 가지고 있다고 주장한다.

셸드레이크가 그의 이론을 입증하기 위해 행한 실험들 중 대표적인 것이 물잠자리 알 실험이다. 물잠자리 알이 어느 정도 신체 각 부분의 특징들을 갖추었을 때 머리 부분을 실로 묶는다. 얼마 후 물잠자리 알에서 머리가 사라진다. 상식적으로 생각한다면 머리가 없어진 물잠자리는 죽어야 한다. 그러나 얼마 안 있어 물잠자리 신체의 다른 부분이 머리로 변하여 물잠자리는 완전한 개체가 된다. 물잠자리의 머리를 형성하는 요인이 물잠자리 내부에 있었다면 불가능한 일이다. 머리를 없애면서 그 원인과 결과가 이미 제거되었기 때문이다. 하지만 머리는 엄연히 재생하고 물잠자리는 머리를 갖춘 완전한 개체가 된다. 마치 누군가가 물잠자리 알에게 '머리를 갖춘 완전한 모양이 될 것!'이라는 주문을 외운 것과도 같다. 그는 도롱뇽의 수정체 제거와 재생 실험 등 비슷한 여러 실험을 통해 같은 사실을 확인한다.

그러한 실험 등을 통해 그가 내린 결론은 이렇다. 수정된 알에서 발생한 생물체는 그 알을 이루고 있는 구성 요소의 물질적 성격에 의해 모양을 형성하는 것이 아니다. 그 알을 둘러싸고 있는 형태 발생의 장에 의해 모양을 형성해 나간다. 즉, 한 생명체의 형태를 유지해 주는 힘은 그 생명체 내부에 존재하는 것이 아니라 외부에 존재한다. 하등 동물의 신체 일부분이 훼손되어도 계속 되살아나는 이유도 형태 발생의 장의 작용에 의한 것이고 우리 몸에 난 상처가 약을 쓰지 않아도 회복될 수 있는 것도 그 때문이다.

셸드레이크의 '형태 발생의 장' 이론에서 우리의 흥미를 끄는 것이 또 하나 있다. 형태 발생의 장이라는 기본 틀이 시간의 흐름, 세월의 흐름과 함께 변화한다는 것이다. 즉, 각 생명체가 습득한 새로운 형질이나 능력은 형태 발생의 장에 흡수되어 형태 발생의 장을 변화시킨다. 그리고 그렇게 변화한 형태 발생의 장이 전 생명체에게 영향을 미친다. 그 말대로라면 형태 발생의 장은 원인이면서 동시에 결과이기도 하다. 형태 발생의 장은 각 생물체에게 작용하여 그 모양새를 정해 주는 근본 원인이다. 하지만 형태 발생의 장은 고정되어 있는 것이 아니다. 형태 발생의 장에는 전에 존재했던 모든 개체들이 겪은 구체적 변화의 모습이 누적되어 있다. 모든 개체들은 형태 발생의 장의 결과이면서 원인이다.

그의 이론을 인간 사회에 적용시켜 보자. 우리는 좀 숙연해지고 윤리적이 될 수밖에 없다. 지금 나의 사고나 행동은 순전히 나의 것이 아니다. 우리는 모두 동일한 형태 발생의 장의 영향 아래 놓여 있는 공동 운명체이다. 또한 지금의 나의 행동이나 사고는 과거의 조상들의 행동이나 사고와 단절되어 있지 않다. 우리는 과거에 살았던 우리 조상들로부터 부단히 영향을 받는 존재이다. 형태 발생의 장에는 인류의 조상들의 사고나 행동이 고스란히 녹아 있기 때문이다. 그뿐인가? 우리의 구체적 사고나 행동들은 개인의 차원에 머물러 있지 않는다. 그것들은 형태 발생의 장에 영향을 주고 그것을 변화시킨다. 그리고 인류 전체에 영향을 미친다. 형태 발생의 장의 그러한 성격을 입증해 주는 실험을 하나 소개해 보자. 바로 형태 공명 실험이다.

형태 공명 이론은 미국의 생물학자인 맥더갈 교수가 실험을 통하여 주장한 개념으로 큰 논란을 불러일으켰다. 형태 공명 이론이란 어떤 종의 한 개체가 경험한 행동이나 형질이 형태의 장을 통해 같은 종류의 다른 개체에 작용하는 현상을 말한다. 그는 쥐로 실험을 했다. 일종의 미로 찾기 시행착오 실험으로서 그는 쥐에게 물에 잠긴 미로에서 빠져나오는 법을 가르쳤다. 길을 잘못 들 때마다 전기 쇼크를 주어 제 길을 찾게 하는 방법이었다. 처음 그 실험에 임한 쥐는 수백 번의 시행착오를 거쳐서야 미로에서 빠져나왔다. 그리고 다음 세대의 쥐에게 실험을 하면 더 빨리 미로에서 빠져나왔고 습득 속도가 더딘 놈들만 교미를 해서 실험을 해도 습득 속도는 더 빨랐다. 그리고 22번째 세대에 와서는 처음보다 습득 속도가 무려 10배나 빨라졌다.

그러나 그의 실험의 진정한 의미는 다음 실험을 통해 찾을 수 있다. 상당한 시간이 지난 후에 이번에는 다른 사람들이 전혀 다른 장소에서, 그러니까 미로 탈출 능력을 획득한 쥐와는 유전자적으로 아무 상관이 없는 쥐들에게 실험을 했다. 그랬더니 놀랍게도 그 쥐들은 10배 빨라진 속도로부터 시작을 했다. 쥐라는 종족의 어느 개체가 획득한 능력이나 형질이 어느 정도 시간이 지난 후에 그 종족 전체에 퍼진 것이다.

여기서 우리에게 한 가지 의문이 들 수도 있다. "그렇다면 DNA란 도대체 무엇인가? 그것은 무슨 역할을 하는가?"라는 의문이다. 우리는 일반적으로 각 개체가 드러내는 생물학적 특질은 DNA에서 기인한다고 믿고 있다. 또 각 개체의 특질과 능력은 DNA를 통해 유전된다고 믿고 있다. 어느 정도는 사실이다. 하지만 DNA가 인간의 행동과 사고의 궁극 원인은 아니다. 각 개인이 지닌 DNA는 말하자면 텔레비전 수상기의 부품 같은 것이다. 텔레비전이 처음 나왔을 때 많은 사람들이 텔레비전의 뒤를 열어 보았다는 이야기는 유명하다. 화면에 나온 사람들이 텔레비전 안에 들어 있는지 궁금해서이다. 하지만 화면의 내용은 텔레비전 부품 안에 들어 있지 않다. 텔레비전 방송의 내용은 방송국에서 제작하여 발송하는 전파에 들어 있다. 텔레비전의 부품은 그 주파수에 맞추어 그 방송을 수신하는 역할을 할 뿐이다. 부품이 아무리 좋아도 전파를 잘 수신하여 깨끗한 영상으로 재현할 뿐이지 그 부품 자체가 방송 내용을 만들지도 못하고 간직하지도 못한다. 즉, DNA는 형태 발생의 장에서 보내는 내용을 수신하여 재현하는 역할을 할 뿐이다. DNA가 드러내는 차이는 그 재현의 차이일 뿐 생물체가 지닌 모든 특질을 만들거나 간직하고 있는 궁극적 원인이 아니다. 그 원인은 더 먼 곳, 보이지 않는 곳에서 온다.

DNA는 각 개체가 지닌 특성과 차이를 부각하게 해 준다. 범죄 수사에 DNA가 결정적인 증거가 되는 것은 그 때문이다. 하지만 DNA로는 각 개체들을 맺어 주는 공통 원인을 찾을 수 없다. 하나의 종이지닌 공통 특질의 궁극 원인을 찾을 수 없다. 지구상에 존재하는 모든 생물체의 특질을 결정하는 궁극 원인은 더 먼 곳에서 오기 때문이다. 한 개인의 DNA가 좀 우수하다고 하여 자신이 지닌 능력이 순전히 자신 내부에서만 온다고 믿는 것은 오만하기 그지없는 일일뿐더러 엄청난 착각이기도 하다.

생물학자인 셸드레이크의 이론이 노자의 무의 개념이나 융의 집단무의식 개념과 일맥상통한다는 것을 다시 강조할 필요가 있을까. 특히 융의 집단무의식 개념이나 원형의 개념은 그의 형태 발생의 장 개념과 그 발상이 너무 비슷하다. 원형에는 우리 조상들의 모든 꿈, 모든 경험이 누적되어 있다고 융은 말하지 않았던가. 원형은 우리의 모든 행동의 원인이면서 결과라는 것을 그는 말하고 있는 것이 아닌가. 우리는 집단무의식과 원형의 영향하에 놓여 있으면서 동시에 집단무의식과 원형을 형성해 나가는 존재인 것이다.

그들의 개념을 받아들일 때 우리는 인간 사회뿐만 아니라 우주 전체에서 벌어지고 있는 모든 현상의 원인을 가시적인 현상에서 찾지 않게 된다. 실제로 전기장이나 자장 등의 장(場)의 개념은 보이지 않는 힘의 발견에 의해 성립되었다. 게다가 아인슈타인의 상대성 이론도 우주공간에 펼쳐진 장의 개념에 대한 발상에서 비롯된 것이라는 사실은 널리 알려져 있다.

우주 공간에서 벌어지고 있는 모든 현상의 궁극적 원인은 보이지 않는 먼 곳에서 온다. 그리고 우리는 그 원인을 만드는 데 참여한다. 그러니까 우리는 보이지 않는 운명의 지배를 받으면서 동시에 그 운명을 스스로 만든다. 달리 말하자. 보이는 것이 전부가 아니다. 세상에는 보이지 않는 힘이 작용한다. 그러나 우리는 보이지 않는 힘에 의해 조종을 받는 수동적인 기계부품이 아니다. 우리가 운명의 존재를 인정하면서 동시에 우리 스스로 운명을 만들어 가는 존재이기도 하다는 말은 그래서 가능하다.

부분은 부분이면서 곧 전체다

다원주의 자체가 이미 보이지 않는 힘의 존재를 인정하는 것에서 출발한다. 가시적인 모든 현상을 낳는 근본 원인은 동일하다는 일원론에 그 뿌리를 두고 있기 때문이다. 그래서 다원주의는 조화와 균형을 전제로 한다는 것을 우리는 이미 확인했다. 조화와 균형이 중요한 것은 이질적인 것들 사이에 공통되는 요소가 들어 있기 때문이다. 공통되는 요소가 들어 있다는 표현을 우리에게 익숙한 단어를 사용한다면 '맥이 통하고 있다'는 표현으로 바꿀 수 있다. 세상 만물에는 그 모양이 아무리 다르더라도 맥이 통하고 있다. 그런데 그 맥은 서로 이질적인 것들 사이에서만 통하는 게 아니라 부분과 전체 사이에도 통하고 있다.

앞서 살펴본 셸드레이크의 물잠자리 실험을 다시 예로 들어 보자. 머리 부분이 사라진 물잠자리 알은 기형이다. 머리가 있어야 온전한 몸통인데 중요한 게 사라지고 부분만 남은 셈이다. 그런데 머리가 없어진 부분에 다시 머리가 생긴다. 물잠자리 알이라는 개체의 몸통 각 부분이 독립적으로 존재한다면 불가능한 일이다. 몸통 부분에도 머리가 들어 있었기에 가능한 일이다. 부분 속에 전체가 있었기에 가능한 일이다.

사실 셸드레이크의 형태 발생의 장 이론만이 부분과 전체 사이에 맥이 통하고 있다는 사실을 증명하고 있는 것이 아니다. 기하학의 프랙탈 이론도 기본적으로는 부분과 전체 사이에 상동성이 존재한다는 원칙에 입각해 있으며 오늘 날 실용화되어 사용되는 홀로그램도 부분 속에 전체가 들어 있는 현상을 증명해 주고 있는 좋은 예이다. 홀로그램이란 물체의 일부분만 비추고 나온 광선이 물체 전체를 입체적으로 재현해 내는 현상을 이용한 것이다. 또한 우리는 사물의 일부분을 쪼개어 보면 거기에 전체의 모습이 존재하는 현상을 실제로 확인할 수도 있다. 조각난 소라껍질에는 껍질 전체의 모양이 고스란히 들어 있으며 나뭇잎을 조각내어 관찰해 보면 각 조각에 전체의 모양이 들어 있는 것을 확인할 수 있을 것이다.

부분과 전체가 일맥상통하고 있다는 생각이 우주관으로 이어지면 인간이 우주의 일부분이면서 인간의 몸속에 우주 전체가 들어 있다는, 소우주와 대우주의 일맥상통의 우주관이 나온다. 그 일맥상통의 우주관에서는 부분의 합이 전체가 되지 않는다. 부분은 부분이면서 곧 전체가 된다. 그 세계관으로 우주와 세상을 보면 독립된 개체란 존재하지 않는다. 모든 것은 다 맥이 통하고 관계를 맺고 있다. 그래서 부분에 대한 분석 정신보다는 전체를 상호 관계 속에서 바라보는 유추의 정신이 더 중요해진다.

우주관이라는 거창한 이야기와 유추의 정신이라는 어려운 이야기에 겁먹을 필요는 없다. 우리가 아주 익숙해 있는 한의학의 방법이 바로 그 정신을 구현하고 있기 때문이다. 한의학에서 가장 중요한 것 중의 하나가 촉진(觸診)이다. 노련한 한의사는 손목의 맥을 짚어 보고 몸 상태를 다 알아낸다. 손목의 맥을 짚어 보고 오장육부의 상태를 다 안다. 그리고 몸 전체의 건강 상태도 다 안다. 신체 전체에 맥이 통하고 있기 때문이며 손목에 몸 전체가 들어 있기 때문이다. 요즘 유행하는 수지침의 원리는 더 확실하다. 수지침의 원리에 의하면 우리의 손 안에 오장육부가 모두 들어 있다. 그러니까 손은 발, 머리, 오장육부 등과 마찬가지로 우리 몸의 일부분이면서 그 안에 우리 몸 전체가 들어 있다. 분석적인 서양의학의 입장에서 보자면 정말 황당하고 비과학적이다. 하지만 우리가 앞서 확인했듯이 서양의 첨단 과학은 역설적이게도 이 세상과 우주에 거대한 상동성의 원리가 작용하고 있다는 것을 증명하는 방향으로 흐르고 있다. 지나는 길에 한 가지만 더 지적하기로 하자. 동종요법이나 대체의학이라는 용어로 서양에서 기지개를 켜기 시작한 새로운 의학의 흐름들도 실은 새로운 과학의 흐름과 보조를 맞추고 있는 것이다.

부분 속에 전체가 있고 전체 속에 부분이 있다는 상동성의 원리가 실제로 실현되고 있는 익숙한 예를 하나 들어 보기로 하자. 바로 토털 풋볼이다.

20세기 초반 네덜란드의 대표적 축구 클럽 아약스의 감독이었던 잭 레이놀즈가 창안한 토털 풋볼의 전술은 기존의 축구 전술과는 완전히 다른 것이었다. 그 전술은 한동안 빛을 보지 못하다가 20세기 중반부터 네덜란드의 명문 축구 클럽인 아약스의 미헬스라는 감독에 의해 꽃을 피우게 된다. 그 전술 덕에 아약스의 전력은 수직 상승하게 되었고 네덜란드의 축구 전체가 한 단계 도약을 할 수 있게 된다. 이후 네덜란드가 세계 축구계의 강자로 군림하게 된 것은 물론이며 토털 풋볼 자체가 전 세계로 퍼져 나가 힘을 발휘하게 된다.

토털 풋볼이란 간단히 말해 경기에 나선 선수의 역할이 한정되어 있지 않은 축구로 보면 된다. 우리가 일반적으로 '전원 수비, 전원 공격'으로 알고 있는 게 바로 토털 풋볼이다. 이전의 축구는 공격과 미드필더, 수비의 역할이 명확하게 구분되어 있었다. 선수들이 자신의 위치를 이탈하지 않고 자신이 맡은 역할을 잘 수행하는 팀이 좋은 팀이었다. 하지만 토털 풋볼에서는 수비수가 공격에 나서기도 하고 공격수가 수비를 담당하기도 한다. 그렇다고 토털 풋볼에서 포지션의 개념이 사라지는 것은 아니다. 토털 풋볼에도 여전히 공격수, 미드필더, 수비수의 구분은 존재한다. 그게 축구 팀 내에서의 일차 임무이다. 하지만 상황에 따라 공격수가 수비수가 되고 대신 수비수가 공격에 나서는 등 임무 교대를 하게 된다는 점이 기존 축구와 다르다. 따라서 상대방은 골을 먹지 않기 위해 공격수만 방어하는 것에서 그칠 수가 없다. 도대체 누가 골을 넣을지 모르게 되기 때문이다.

어찌 보면 토털 풋볼은 '임무 교대'라는 단순한 원칙을 축구에 도입한 것처럼 보인다. 자신이 맡은 일에 충실하되 언제고 임무 교대가 가능한 축구가 토털 풋볼이기 때문이다. 하지만 그러한 간단한 변화에 의해 팀은 물론이고 그 팀에 속한 개개인의 능력까지 현저하게 발전하는 놀라운 변화가 일어난다. 토털 풋볼을 도입한 팀의 선수가 자신의 역할을 훌륭하게 수행하기 위해서는 언제나 전체 상황을 살펴보고 이해할 수 있어야 한다. 토털 풋볼에서 유능한 선수는 감독이 지시한 역할만 충실히 수행하는 선수가 아니다. 그는 경기 도중에 벌어지는 온갖 상황에서 그 상황에 맞는 자신의 역할을 정확히 찾을 수 있는 전술적인 시야와 이해 능력을 갖추어야 한다. 또한 토털 풋볼이 성공하려면 그 팀의 선수들 모두가 비슷한 수준의 높은 기술과 단단한 체력을 갖추어야 한다. 2002년 월드컵에서 히딩크 감독이 발휘한 마술이 바로 토털 풋볼 마술이었다. 히딩크가 한동안 전념했던 저 악명 높은 체력 훈련과 전술 훈련을 생각해 보라. 모두 토털 풋볼을 성공시키기 위해 필수적인 것이었음을 우리는 이제 이해할 수 있다.

토털 풋볼에서 개인은 이미 개인이 아니다. 그의 움직임에는 팀 전체의 움직임이 모두 들어와 있다. 그는 상황에 따라 팀 전체의 움직임과 유기적으로 조응하면서 그에 걸맞게 역할을 바꾼다. 그러니 한 선수의 변화는 개인의 변화에서 그치는 것이 아니라 팀 전체의 전술 변화와 일맥상통한다. 그게 바로 유기적 조직이다. 부분은 부분이면서 동시에 전체와 일맥상통한다는 유기적 조직의 모습을 토털 풋볼처럼 잘 보여 주는 예도 드물다. 그런 조직에서의 개인은 창의적이 될수밖에 없다. 언제나 전체를 시야에 두고 상황에 따라 자신의 역할을 바꿀 줄 아는 존재, 그것이 바로 창의적 개인이라는 것은 두말할 필요가 없기 때문이다. 창의적 개인이란 말 그대로 개인에서 그치는 것이 아니라 이미 전체와 유기적 관련을 맺고 있는 존재라는 사실을 우리는 다시 확인할 수 있다. 토털 풋볼이 널리 퍼져 상식화된 오늘날, 축구 경기 해설자 입에서 유기적이라는 단어가 쉽게, 그리고 많이 나오는 것은 우연이 아니다.

권위가 사라지면 창의성도 사라진다

〈개그 콘서트〉와 왕의 망토 자락

보이지 않는 힘이 존재한다는 것을 인정한다는 것은 어찌 보면 시대착오적인 발상처럼 보일지도 모른다. 보이지 않는 힘의 존재를 믿는 것은 무소불위의 절대적인 권력의 존재를 믿는 것처럼 여겨질 수도 있기 때문이다. 상상력과 창의성을 존중하는 시대란 무엇보다 절대적인 권력의 부정과 흐름을 함께한다. 그래서 수직적인 명령 체계보다는 수평적인 관계가 더 중시된다. 상의하달 식의 조직보다는 하의상달의 조직이 더 바람직한 조직이 된다. 그런데 상상력과 창의성을 강조하면서 느닷없이 보이지 않는 힘의 존재를 인정하다니.

하지만 그 어떤 조직이건 권위는 존재한다. 권위가 사라진 조직은 조직으로서 존재할 수가 없다. 권위는 절대적으로 필요하다. 안타까운 것은 창의성을 존중한다는 것이 곧 모든 권위의 부정과 이어진다고 생각하는 현실이다. 중요한 것은 권위의 전면 부정이 아니라 권위의 성격의 변화이며 권위에 대한 우리의 발상의 전환이다.

'보이지 않는 힘'의 존재라는 개념은 우리에게 『국부론』을 쓴 애덤 스미스의 '보이지 않는 손'이라는 개념을 떠오르게 할지 모른다. 간단하게 말한다면 시장은 정부나 다른 어떤 기관의 개입이 없이도 '보이지 않는 손'에 의해 잘 돌아간다는 것이 애덤 스미스의 생각이다. 얼핏 보기에 그의 '보이지 않는 손'이라는 개념은 우리가 말한 '보이지 않는 힘'과 비슷해 보인다. '보이지 않는 손'의 절대적인 힘에 의해 시장은 자유 방임 상태로 두어도 잘 돌아가게 되어 있다는 생각은 보이지 않는 힘이 전체를 조율하고 그에 균형을 잡아 준다는 우리의 생각과 비슷해 보인다.

하지만 애덤 스미스의 '보이지 않는 손'은 우리의 '보이지 않는 힘'과는 정확하게 반대되는 곳에 자리 잡고 있다. 애덤 스미스의 보이지 않는 손의 개념은 '호모 에코노미쿠스'를 대전제로 하여 성립된 개념이다. 인간은 어차피 경제적 이익을 추구하는 합리적 동물이라는 전제하에 성립된 개념이다. 인간의 사회는 간섭을 하지 않아도 경제적 이익을 따라 합리적으로 잘 돌아간다는 것이 '보이지 않는 손'이 의미하는 바다. 애덤 스미스의 보이지 않는 손의 개념을 그대로 받아들인다는 것은 '인간은 경제적 이익을 추구하는 합리적 동물'이라는 명제를 절대 명제로 받아들인다는 것을 뜻한다. 그리고 그 명제가 절대 권위를 갖는다는 것을 뜻한다.

그 명제가 절대 권위를 갖게 되면 이른바 경제 독재 사회가 가능해진다. 경제적 가치가 여타의 모든 가치를 지배하는 현상이 일어나는 사회가 바로 경제 독재 사회이다. 보이지 않는 손은 사회 전체를 지배하는 합리적 경제 질서를 말한다. 그때 경제적 질서가 무소불위의 권력을 갖는다. 보이지 않는 손의 개념은 인간 사회를 경제적 질서가 지배하는 거대한 기계로 만든다. 그 기계 안에서 인간은 평준화된다. 자유방임주의는 묘하게 인간을 단 하나의 가치와 원칙에 의해 움직이는 기계의 부품으로 만든다.

하지만 우리가 말하는 '보이지 않는 힘'은 그런 것이 아니다. 우리가 말하는 권위는 그런 것이 아니다. 우리가 말하는 권위는 인간 영혼의 알록달록함을 가능하게 해 주는 권위이다. 우리가 말하는 권위는 다양한 가치관이 공존할 수 있게 해 주는 권위 같은 것이다. 한 가지 예를 들어 보자.

나는 꽤 오래전부터 KBS의 〈개그 콘서트〉라는 코미디 프로그램을 즐겨 본다. 다른 모든 방송국에도 코미디 프로그램이 있지만 〈개그 콘서트〉는 모든 다른 프로그램들을 압도한다. 그리고 누구나 〈개그 콘서트〉가 우리 코미디 프로그램의 맥을 이어 오고 있으며 차원이 높고 재미있다는 것을 인정한다. 그래서 〈개그 콘서트〉가 성공한 이유를 이런저런 식으로 분석하기도 한다. 하지만 그 프로가 성공한 이유에 대해서는 의견이 분분하다.

우선 쉽게 들 수 있는 이유로 담당자의 스카우트 능력을 꼽을 수도 있다. 뛰어난 능력을 가진 코미디언들을 스카우트할 줄 아는 PD의 안목과 능력이 〈개그 콘서트〉를 성공하게 만든 원동력이라는 지적이다. 어느 정도 옳을 수 있다. 하지만 절대로 정답은 아니다. 〈개그 콘서트〉에서 이름을 얻고 역량을 발휘한 코미디언이 타 방송사로 옮긴 경우가 많다. 하지만 대개의 경우 그는, 옮긴 방송사의 코미디 프로그램에서 그저 그런 연기를 펼치는 경우가 많다. 그러니 〈개그 콘서트〉가 뛰어난 개인들의 역량에 의해서만 성공을 거둔 것이 아님은 분명하다.

설득력 있어 보이는 또 다른 예를 드는 사람들이 있다. 〈개그 콘서트〉 프로그램 전체에 작동하고 있는 경쟁의 분위기가 성공의 비결이라는 것이다. 과연 〈개그 콘서트〉를 움직이는 동력은 무한 경쟁심처럼 보이기도 한다. 출연자가 수시로 바뀌기도 하고 큰 성공을 거둔 코너가 하루아침에 사라지기도 한다. 그런데 〈개그 콘서트〉 출연자들의 모습을 유심히 보고 있자면 출연자들 사이에 경쟁심이 두드러지기보다는 친화력이 더 두드러진다. 까마득한 후배가 선배에 대해 농담조의 힐난을 던지는가 하면 선배가 후배에게 "네 동기들은 다 떴는데 넌 언제 뜰래?"라고 스스럼없이 놀리기도 한다. 또한 분명 대본에 없었을 자연스러운 웃음을 연기 도중에 서로 보이기도 한다. 이 모두 상호 경쟁심으로 무장되어 있다면 보이기 힘든 모습들이다.

나는 〈개그 콘서트〉가 성공한 비결을 내 나름대로 지적하라면 단호하게 친화력이라고 말하고 싶다. 그 친화력을 통해 〈개그 콘서트〉 출연자들은 경쟁자가 되는 것이 아니라 나름의 자질을 발휘할 수 있는 창의적 개인이 된다. 물론 그 프로에도 경쟁이 존재한다. 그러나 경쟁은 동료와 하는 것이 아니라 자신과 한다. 자신이 맡았던 코너의 고별 방송을 하면서 여유로운 모습을 보일 수 있는 것은 그 때문이다. 그 모습은 동료들과의 경쟁에서 진 패배자의 모습이 아니다. 그 코너가 막을 내릴 수밖에 없다는 것을 스스로 납득하고 그 결정을 스스로 내린 모습이다.

내가 보기에 〈개그 콘서트〉 담당자는 출연자들 간의 경쟁을 부추기지 않는다. 출연자들 간의 친화력을 북돋우면서 출연자 스스로 최선을 다할 수 있게 만든다. 그게 진짜 권위다. 따라서 〈개그 콘서트〉 출연자들은 자신이 담당하는 코너에서만 최선을 다 하고 그 코너만 인기가 있으면 된다는 생각을 하지 않는다. 〈개그 콘서트〉 전체의 성공이 자신의 성공이 된다는 마인드를 갖는다. 보이지 않는 힘, 혹은 보이지 않는 권위란 그런 것이다. 다양한 생각과 가치를 가진 조직 내 사람들이 나름대로 최선을 다해 창의성을 발휘하게 하면서 동시에 조직 전체에 일체감을 부여하는 것, 그것이 진정한 권위이다. 세월이 흐르고 연륜이 생기면 그 권위가 전통이 된다. 그 권위가 전통이 되면 정말로 보이지 않는 힘이 되어 전체를 조율한다.

그 권위는 민주주의 사회에서 사법부가 지닌 권위 같은 것이기도 하다. 사법부의 상징인 저울은 정의를 상징하기도 하고 균형을 상징하기도 한다. 편파적이지 않은 채 다양한 가치와 권리의 균형을 취해 주는 것이 사법부의 본래의 역할이다. 고대 국가에서 왕이 애초에 가진 권력이 바로 사법권이라는 것은 우리에게 시사해 주는 바가 많다. 그 권위는 군림하는 권위가 아니라 감싸고 조정하는 권위이다. 그래서 왕의 망토 자락이 넓은 것이다. 군림하기 위해서 넓은 것이 아니라 감싸기 위해서 넓다. 그 권위는 가정에 평화를 가져오는 아버지의 권위 같은 것이기도 하다. 오늘날 우리에게 한편에서는 권위 타파를 외치면서 한편으로는 권위가 사라지는 것을 아쉬워하는 일이 벌어진 것은 권위를 군림하는 것으로만 간주하고 권위 자체를 부정하는 데만 힘을 쏟았기 때문이다. 권위가 무너지면 평등하거나 자유로운 세상이 오는 것이 아니다. 균형이 상실되거나 무질서한 세상이 온다. 혹은 세상 전체가 무한 경쟁의 싸움터가 된다.

시야를 좁혀 회사 같은 조직을 예로 들어 보자. 조직에서 그러한 권위는 직접적으로 리더가 갖는 것이기도 하다. 하지만 리더가 무소불위의 힘을 갖는다고 권위가 생기는 것이 아니다. 리더의 인격도 권위이고 리더가 지닌 도덕성, 포용력도 보이지 않는 힘으로서 권위를 지닌다. 하지만 권위는 리더에게만 있는 것이 아니다. 조직의 윤리, 도덕성, 조직원들 간의 인화와 애정, 가족 같은 분위기, 조직이 만든 독특한 문화 등이 모두 보이지 않는 힘으로서 조직을 감싸 안는 권위의 역할을 한다. 또한 조직원 전체가 공유하고 있는 조직의 비전도 아주 중요한 보이지 않는 권위이다. 그 보이지 않는 권위는 부드러움과 포용력을 그 속성으로 하고 있으면서 동시에 아무도 그에 거역하기 어려운 엄청난 힘을 동시에 지닌다.

그러니 수평적 조직이 강조된다고 해서 권위가 무너질까 봐 걱정하지 말라. 그때 무너지는 것은 군림하던 권위일 뿐 새로운 권위가 생기고 새로운 질서가 생긴다. 하지만 독선적이고 독점적인 권위를 부정하면서 모든 권위를 무시하려고 하는 것은 아주 위험한 일이다. 권위가 무너지면 조직이 무너진다. 권위가 무너지면 세상이 무너진다.

디테일을 보면 미래가 보인다

창조적이고 역동적인 눈

이번에도 역시 롤프 옌센이다. 그는 이렇게 말한다.

"더 이상 기계적 조직의 기업은 성공할 수 없다. 구성원들이 서로 느슨하고 수평적인 네트워크로 이어져 있는 역동적 조직이 미래의 기업이다. 이들은 동일한 신념과 아이디어, 목표로 뭉쳐져 있다."

마치 우리가 위에서 살펴본 내용에 그대로 화답하는 것 같다. 인간을 경제적 이익에 의해서만 움직이는 합리적 동물로 간주한다면 도저히 받아들이기 어려운 이야기다. 호모 에코노미쿠스 신봉자라면 롤프 옌센의 위와 같은 발언에 대해 금방 "신념이나 목표가 밥 먹여 주나."라고 빈정거릴지도 모른다. 그리고 옌센을 이상주의자로 취급할지도 모른다. 그들에게는 합리적 질서가 현실로 보이기 때문이다. 그들에게는 이익을 추구하는 이기심이 당연한 현실로 보이기 때문이다. 그들은 그런 이기적인 인간들을 결속시키는 것은 경제적 이익이나 합리적 질서뿐이라고 믿기 때문이다. 경제적 이익이라는 당근이나 합리적 질서라는 채찍이 없으면 어차피 인간은 뿔뿔이 흩어지게 되어 있는 것이 현실이라고 믿기 때문이다.

하지만 우리는 이제 인간은 근본적으로 경제적 이익보다는 즐거움을 우선적으로 추구하는 동물이라는 것을 알았다. 인간은 기계적 질서가 사라지면 뿔뿔이 흩어지는 것이 아니라 동일한 비전에 의해, 상호간 애정에 의해 오히려 더 강한 결속력으로 묶일 수 있다는 것도 알았다. 합리적 질서가 유지되는 곳에서 창의력이 발휘되는 것이 아니라 인간적 유대감이 창의력의 동력이라는 것도 알았다. 우리에게 그것은 이상(理想)이 아니라 엄연한 현실이다. 옌센이 말하는 '느슨하고 수평적인 네트워크로 이어져 있는 조직'은 말 그대로 느슨한 조직이 아니다. '동일한 신념과 아이디어, 목표'라는 보이지 않는 힘에 의해 결속된, 유연하면서도 강력한 조직이다. 또한 토털 풋볼의 경우에서 확인했듯이 상황에 따라 언제고 변신이 가능한 역동적 조직이다.

한편 지식 경영 이론가인 피터 셍게 MIT교수는 우리가 이미 살펴본 시스템적 조직의 모습을 그대로 대변해 주고 있다. 그는 말한다.

"시스템적 사고는 기존의 단선적이고 평면적인 문제 해결 방식 대신 조직을 전체적인 유기체로 파악해 종합적으로 대처하려는 구성원 개개인의 사고방식을 말한다."

그가 말하는 단선적이고 평면적인 문제 해결 방식이란 자기에게 주어진 일만 충실하게 해결하려는 방식을 말한다. 진정한 시스템적 사고를 가지고 문제를 해결하려면 조직 전체를 파악할 수 있는 능력을 갖추어야 한다. 자신의 일을 조직 전체와 관련하여 파악하고 그에 대처할 수 있는 능력을 갖추어야 한다. 토털 풋볼을 실현하기 위해 모든 선수가 전체의 움직임을 유기적으로 파악할 수 있는 능력을 갖추어야 하는 것과 마찬가지다. 토털 풋볼을 실현하기 위해서는 선수 개개인이 전술 파악 능력을 갖추어야 하고 뛰어난 체력을 갖추어야 하는 것과 마찬가지로 조직이 유기적으로 움직이려면 조직의 구성원들의 능력이 한 단계 업그레이드되어야만 한다. 그래서 그가 강조하는 것이 배우는 분위기이다. 그의 말을 다시 들어 보자.

"(유기적인 조직을 실현하려면) 무엇보다 일단 배움이 중요하다는 사실을 끊임없이 조직원들에게 상기시켜야 합니다. 직원들 전체가 계속해서 배울 수 있는 환경을 마련해야 하죠. 직원들 사이에서 자연스럽게 '요새 뭐 공부해?' '난 이걸 하고 있어'란 대화가 오가는 수준까지 돼야 합니다."

요컨대 좋은 조직이란 구성원이 이미 갖추고 있는 능력을 십분 발휘하는 곳이 아니라 구성원들이 잠재된 능력을 키울 수 있는 곳이다. 그런 유기적 조직에서 리더는 일방적으로 비전을 제시하지 않는다. 좋은 리더는 대화를 통해 구성원에게 공감을 불러일으킨다. 좋은 리더는 구성원들이 스스로 비전을 가질 수 있도록 유도한다.

그래서 그는 연설보다 대화를 강조한다. 그가 "리더의 가장 중요한 역할 중의 하나는 부하들이 사물을 긍정적이고 본질적인 관점에서 볼 수 있도록 카메라의 렌즈와 같은 역할을 수행하는 것이다."라고 말하는 것은 그 때문이다. 가장 소극적인 것 같으면서 가장 적극적인 방법이다. 그런 의미에서 〈개그 콘서트〉 담당자는 아주 유능한 리더이다. 자신의 조직이나 회사가 유기적인 역동성을 가진 조직이 되기를 원한다면 〈개그 콘서트〉의 성공 비결을 연구해 보라고 내가 가끔 말하는 것은 그 때문이다.

결국 셍게는 시스템적 사고를 강조하면서 조직의 목표와 가치에 대한 인식을 공유하는 '비전의 공유(shared vision)'가 무엇보다 중요하다는 것을 강조하고 있는 셈이다. 구성원들이 공유하는 비전이 바로 우리가 앞서 살펴본 '보이지 않는 힘'이 되어 조직을 살아 있는 유기체로 만들어 주기 때문이다.

이번에는 조직의 구성원이 기계의 부품처럼 자신이 맡은 일만 하는 것이 아니라 개인이 전체 기능을 모두 수행하는 구체적인 방식에 대해 알아보기로 하자. 바로 캐넌이 도입해서 널리 퍼진 셀 방식이다. 우리에게 익숙한 일반적인 공장의 모습은 이렇다. 수십 명의 직원이 천천히 움직이는 컨베이어 벨트를 따라 길게 늘어선 채 자신이 맡은 단순 작업만 반복한다. 부품 준비하는 사람, 나사 죄는 사람, 제품 성능을 검사하는 사람이 모두 따로 있어야 한다.

하지만 셀 방식을 도입한 공장에서는 소수의 숙련공이 전체 공정을 처음부터 끝까지 다 수행한다. 다양한 제품을 각기 다른 셀에서 생산할 수 있어 다품종 소량 생산에 적합하고, 외부 환경에 대응해 생산 시스템을 탄력적으로 변경할 수 있다는 장점이 있다. 부분과 전체가 함께 존재하는 유기적 방식이 생산 공정에 직접 적용된 예로 보면 된다.

부분과 전체가 유기적인 관계를 갖는 것이 현실이고 우리가 지향해야 할 목표라면 당연히 사소한 것과 중요한 것의 구분이 별로 의미가 없어진다. 가장 사소해 보이는 것에도 전체의 모습이 모두 들어있기 때문이다. 가장 사소해 보이는 것이 건강하게 제 기능을 발휘하는 것은 전체가 건강하다는 증거가 되기 때문이다. 중국의 경영 컨설턴트인 왕중추가 $100-1=99$가 아니라 $100-1=0$라는 새로운 방정식을 내세우면서 경영계에 새바람을 불러일으킨 것은 그 때문이다. 그는 이렇게 말했다.

"신(神)은 언제나 디테일 속에 있고 1%의 부족이 일 전체를 망친다."

그가 말하는 디테일이란 사소한 것이 아니다. 그는 '디테일이란 어떤 일의 중심이나 기초가 되는 부분'이라고 말한다. 디테일이 어떤 일의 중심이나 기초가 되는 것은 그것이 태도에 관련되는 문제이기 때문이다. 디테일을 놓치지 않는 마음은 일을 잘 해내려는 욕구, 완벽함을 추구하려는 욕구에서 나온다. 그 눈은 작은 것을 놓치지 않는 섬세한 눈이다. 섬세한 눈은 두루 전체를 다 볼 수 있는 눈이기에 작은 것을 놓치지 않는다. 그 눈은 작은 데서 전체를 보는 눈이다. 달리 말하면 도사의 눈이다.

나는 디테일에 대한 왕중추의 견해에 한 가지를 더 덧붙이고 싶다. 디테일을 볼 줄 아는 눈은 미래를 볼 줄 아는 눈이기도 하다는 것이다. 모든 변화는 작은 것으로부터 시작한다. 작은 것은 앞으로 다가올 커다란 변화를 품고 있는 씨앗이기도 하다. 작은 것을 놓치지 않는 눈은 변화의 핵을 놓치지 않는 눈이다. 그 눈은 작은 기미에서 큰 것을 눈치 챌 수 있는 눈이다. 이른 봄의 싹에서 꽃과 잎, 여름의 숲, 가을의 열매를 볼 수 있는 눈이고 심지어는 죽은 모양을 하고 있는 겨울나무에서 그 모든 것을 보는 눈이다. 그 눈은 세상만사가 기계처럼 돌아가는 것이 아니라 살아 있는 생명체임을 터득했을 때 가질 수 있는 눈이다.

말콤 글래드웰이 마케팅의 결과는 단순한 메커니즘에 의해 이루어지는 것이 아니라 아주 복잡한 원리가 작동하고 있다고 말할 때 내게는 그의 말이 바로 그러한 눈을 가질 필요성을 역설한 것처럼 보인다. 그는 대박 상품이나 메가트렌드에 대한 연구 결과에 대해 '대박 상품이나 메가트렌드의 발생과 진화 과정'이라고 이름을 붙인다. 발생과 진화과정이라는 단어 자체가 이미 세상만사를 일종의 생명체로 보고 있는 그의 눈을 우리에게 보여 주는 것 같다. 그는 그 과정을 '전염의 3가지 법칙'이라는 타이틀 하에 다음과 같이 요약한다.

1. 네트워크가 강하고 열정이 뜨거운 소수의 핵심병력(전위부대. 미래
   의 욕망을 읽을 줄 아는 소수)

2. 대중의 뇌리에 달라붙는 메시지(이야기, 감성)

3. 상황과 환경과 맥락이 맞아떨어지기(후위부대, 욕망의 실현)

대박 상품이나 메가트렌드가 위와 같은 생명 탄생과 진화의 과정
을 겪는 것이라면 작은 것에서 미래의 변화의 기미를 읽을 줄 아는
눈을 갖추는 것이 필연적임은 더 덧붙일 필요가 없다. 그 눈이 바로
창조적인 눈이고 역동적인 눈이다. 그 눈은 단 하나의 원칙에만 집착
하는 눈이 아니라 상황에 따라 사태의 경중(輕重)을 볼 줄 아는 유연
한 눈이다.

그런 유연한 눈을 가진 말콤 글래드웰이기에 그는 미국에서 발발
한 금융위기의 원인에 대해 권위주의적 모델이 없었기 때문이라고 당
당하게 말한다. 그는 시티 은행을 포함한 월가의 은행들은 종업원들
이 너무 많은 권한을 가졌기에 위기가 왔다고 말한다. 28세의 직원이
5,000만 달러에 대한 투자 결정을 내리는 조직은 어불성설이라는 것
이다. 그 조직은 이익에 갇힌 개인들의 집단이다. 그 조직에는 수직적
의사결정 구조가 필요하다. 그 조직 자체가 다양한 의견을 가진 존재
들을 보이지 않는 힘으로 묶어 줄 비전이나 창의성을 갖출 수 없는
조직이기 때문이다.

하지만 내가 더 주목하는 것은 그의 다음 발언이다. 그는 "한국

CEO들과 비교할 때 미국 CEO는 훨씬 이기적이다. 미국 CEO는 자기가 먼저고, 회사는 나중이다. 회사가 자기 것이라고 생각한다. 한국을 비롯한 아시아 CEO들을 만나 보면 반대다. 그들은 회사를 위해서 일한다고 생각한다. 각각의 경우 장단점이 있다. 하지만 요즘 시대에는 아시아 CEO들의 태도가 더 맞는 것 같다."라고 말한다.

내게는 그의 이야기가 마치 '우리가 지금 맞이하고 있는 상상력의 시대는 한국이나 동양에 더 걸맞은 시대'라는 이야기로 들린다. 보이지 않는 비전이나 유대감으로 묶이기에 더 좋다는 이야기로 들린다. 우리가 더 창의적일 수 있다는 이야기로 들린다. 우리가 더 섬세하면서 더 긴 안목으로 세상을 볼 수 있다는 이야기로 들린다. 상상력과 창의성의 시대는 개인주의적 사고가 아니라 시스템적 사유가 필요한 시대이기 때문이다.

다시 말하자. 보이지 않는 힘의 존재를 믿는 것은 정해진 운명을 수락하는 것과는 다르다. 정해진 운명이라는 것은 없다. 인간은 모든 가능성을 지닌 존재이기 때문이다. 정해진 것은 아무것도 없다. 짐승과 지내면 짐승처럼 되는 것이 인간이고 좋은 환경에서 지내면 좋은 품성을 갖게 되는 것이 인간이다. 하지만 그 모든 것을 가능하게 하는 원인은 개별 인간 내부에 있는 것이 아니라 보이지 않는 더 먼 곳으로부터 온다. 보다 큰 힘을 인정하면서 우리는 보다 큰 가능성을 지닌 존재가 될 수 있다. 보이지 않는 큰 힘을 보면서 미래를 볼 수 있게 되면 그것을 우리는 예지력이라고 말한다. 사물이나 사람 속에서 보이지 않은 채 숨어 있는 모습을 볼 수 있으면 그것이 투시력이 된다. 다른 사람, 심지어 다른 동물의 보이지 않는 에너지와 통하면 텔레파시가 된다.

더 과감하게 말하자. 보이지 않는 힘을 통해 그런 능력을 갖게 되면 우리는 오히려 적극적이 된다. 우리가 수동적이 되고 결국 알지 못할 힘에 의해 조종되는 로봇이 되는 것은 역설적이게도 우리가 우리의 힘을 과신하면서이다. 보이지 않는 힘의 존재를 믿는 것은 우리를 겸손하게 만들면서 오히려 능동적으로 만든다. 겸손함은 우리를 열어놓기 때문이며 보다 큰 차원을 볼 수 있게 하기 때문이다. 보다 큰 꿈을 꿀 수 있게 해 주기 때문이다.

조직이 다양한 구성원으로 이루어진 것을 두려워 말고 환영하라. 그들이 공통의 비전과 일체감을 갖고 있으면 된다. 일체감은 구성원을 구속하는 것이 아니라 그들을 창의적으로 만든다. 일체감을 가진 조직은 건강해지고 그 구성원들도 건강해진다. 구성원들에게 '일당백의 용사들'이라는 칭찬을 할 수 있게 되려면 조직을 건강하게 하고 구성원들 간에 일체감이 들게 하라. 보이지 않는 힘 혹은 권위는 그런 일체감을 줄 수 있는 힘이요 권위이다. 또한 보이지 않는 것을 볼 줄 아는 능력 자체가 바로 그 일체감을 느끼는 능력이기도 하다. 그리고 그 능력을 지닌 조직이 바로 창의적 조직이다. 그래서 모든 창의적 조직에는 건강한 권위가 필요하다. 집안에 어른이 필요한 것과 마찬가지로.

제6장

나는 이야기를 만든다, 고로 나는 창조한다

주인공은 디지털이 아니라 스토리다

"소비자의 지갑을 여는 것은 결국 사랑이다."

_케빈 로버츠(사치 앤 사치 CEO)

상상력의 시대는 이야기의 시대다

어떻게 소통할 것인가

우리는 이제까지 세상을 새롭게 보고 세상과 새롭게 만나기 위해 꿈꾸고 뒤집고 보이지 않는 맥을 보는 훈련을 한 셈이다. 그 훈련이 되었다면 이제는 새로운 눈으로 다른 사람들과 구체적으로 만나는 방법에 대해 이야기를 할 때가 되었다. 혹은 그렇게 새로운 눈을 가진 사람들의 구체적인 상호 소통 방법에 대해 이야기를 할 때가 되었다.

상상력의 시대란 많은 사람들이 그렇게 새로운 눈과 생각을 갖게 된 시대를 의미한다는 것을 우리는 이제 충분히 납득했다. 그렇다면 상상력의 시대에 그렇게 새로운 생각과 눈을 지니고 새롭게 만날 준비가 된 사람들은 과연 어떤 방식으로 서로 만나서 어떻게 소통을 할 것인가. 이 책의 6장과 7장을 통해 우리가 지금부터 다루게 될 내용은 바로 그 구체적 만남과 소통의 이야기이다. 기업의 입장에서라면 일종의 마케팅 분야에 해당한다고 보아도 된다. 어떤 제품으로 어떻게 소비자와 만날 것인가, 제품에 어떤 꿈을 담아 소비자의 꿈에 호소할 것인가 등등이 바로 그것이다.

왜 이 시대에는 유난히 스토리가 강조되는가? 21세기 첨단 과학의 시대에 왜 케케묵은 신화가 다시 돌아오고 전설이 다시 살아나는가? 왜 사람들은 실질적인 정보보다 스토리를 좋아하는가? 또한 상상력의 시대는 왜 사랑의 시대인가? 왜 옌센은 "모험, 돌봄, 정체성, 마음의 평화, 신념, 사랑과 소속감 시장 중에서 사랑과 소속감 시장이 으뜸"이라고 자신 있게 말하며 케빈 로버츠는 "소비자의 지갑을 여는 것은 결국 사랑이다."라고 단언하게 된 것인가? 이번 장과 다음 장에서 우리가 구체적으로 살펴볼 내용은 그런 것들이다. 우선 이번 장에서는 오늘날 왜 스토리가 유행하게 되었는지, 이야기를 만든다는 것은 무엇을 의미하는지 이야기를 펼쳐 보기로 하자.

이야기는 이제 시대의 유행어가 되었다. 상상력의 시대는 곧 이야기의 시대라고 말해도 무리가 아닐 정도이다. '원 소스 멀티 유즈(One Sauce Multi Use)'라는 캐치프레이즈 하에 많은 사람들이 다양하게 가공이 가능한 문화 콘텐츠를 찾을 때도 그 구심점에 있는 것이 이야기이다. 또한 기업 경영이나 상품 개발, 마케팅에서도 이야기의 중요성이 날이 갈수록 강조되고 있다. 가히 이야기의 전성기라고 할 만하다. 왜 상상력의 시대인 오늘날 이야기가 그토록 강조되는 것일까? 디지털 문명이 발달한 오늘날 아날로그 문명의 대표주자라고 할 수 있는 이야기가 왜 더 필요해지는 것일까?

사실상 그 답은 매우 간단하다. 이야기 자체가 바로 상상력의 산물이기 때문이다. 이야기는 주어진 현실을 사실적으로 재현한 것이 아니라 상상력을 통해 변형시킨 것이기 때문이다. 이야기에는 꿈이 들어 있기 때문이다. 그러니 상상력의 시대는 자연스럽게 이야기의 시대가 된다.

이야기는 인류의 시작과 함께 존재해 왔다. 상상력이 없는 문화나 삶은 존재하지 않는 것과 마찬가지로 이야기가 없는 문화나 삶은 존재하지 않는다. 문자가 나오기 훨씬 이전부터 이야기는 입으로 전해져 천하를 떠돌았다. 신화가 그러하고 구전설화가 그러하다. 그중 가장 원조 자리를 차지하고 있는 것이 바로 신화이다. 이야기의 시대는 신화의 귀환 시대이기도 하다. 그러니 이야기가 무엇이고 오늘날이 왜 이야기 시대가 되었는가를 제대로 이해하려면 우선 신화에 대한 이해부터 시작하는 것이 온당하다. 이야기의 시대란 우리가 새롭게 맞이한 낯선 시대가 아니라 인류가 존재한 이래 함께 존재했던 가장 원초적이고 낯익은 시대인 것이다.

그렇게 원초적이고 낯익은 이야기의 시대가 우리에게 마치 낯선 새로운 시대처럼 여겨지는 것은 이야기를 지어내는 인간의 능력을 하찮은 것으로 여기는 데 우리가 오랫동안 익숙해 있었기 때문이다. 그러니 우리가 이야기의 시대를 제대로 살려면 신화라는 이야기를 지어내고 신화 속에 이상을 담던 인류의 조상의 꿈을 다시 꾸어야만 할지도 모른다. 그 원초적 상태로 돌아가 꿈꾸는 능력을 완전히 회복해야 할지도 모른다. 하지만 그것은 불가능하다. 우리로서는 신화가 무엇인지, 왜 우리 인류의 조상들은 신화라는 이야기를 지어냈는지 이해하려고 애를 쓰면서 그 꿈에 가까이 가는 수밖에 없다.

인간은 이야기를 만드는 동물이다

신화의 귀환

신화는 한마디로 신들의 이야기이다. 신화에 등장하는 신들이란 융이 말했듯이 인간이 꿈꾼 이상형들이다. 신화에 등장하는 신들의 이야기는 실제로 세상에서 벌어지고 있는 일, 실제로 겪은 일에 상상력을 가미해서 꾸며 낸 이야기가 아니다. 신화에 등장하는 신들의 모습이나 행동은 현실을 반영한 것이 아니라 인간의 욕망과 꿈이 극대화되어 구체적 형상으로 나타난 것이다. 신화는 순전히 상상력의 산물이며 인간의 상상력이 가장 고도로 발휘된 이야기이다. 또한 신화는 인간의 온갖 상상력이 총집결되어 있는 이야기이기도 하다.

그러니 인간의 꿈이나 상상력을 하찮은 것으로 여기는 풍토에서는 신화 역시 황당한 이야기로 경시될 수밖에 없다. 상상력을 경시해 온 서구의 합리주의 문화는 신화를 경시해 온 문화이기도 하다. 신화는 무엇보다 유치한 이야기로 간주되어 온 것이다.

신화를 만든 인류의 조상들이 유치한 생각을 가지고 있었다고 생각한다면 신화 자체를 유치한 이야기로 여기는 것은 당연한 일이다. 서구의 합리주의 문화란 인간의 역사를 인간의 인식이 깨어나는 과정으로 보는 문화라는 것을 우리는 이미 이해한 바 있다. 인간의 문화란 마치 한 개인이 어린 아이에서 어른으로 성장하듯, 그리고 어른이 되어 감에 따라 세상 이치를 깨치게 되듯, 시간의 진행에 따라 성장하고 발전한다고 믿는 것이 합리주의이고 실증주의이다. 따라서 이성의 깨임 정도에 따라 사람의 생각과 문화를 야만과 문명으로 구분하는 것이 합리주의적 인식이라는 것도 우리는 이해한 바 있다. 또한 야만과 문명의 구분을 가능하게 해 주는 것은 진리를 발견할 수 있는 능력의 차이라는 것도 이해한 바 있다. 그렇게 되면 인류의 조상들이 지어낸 이야기인 신화는 그들이 세상 돌아가는 이치를 몰랐고 진리를 발견할 능력이 없었으며 현상을 설명할 방법이 없었기에 제멋대로 상상해서 지어낸 이야기가 된다. 또한 신화는 실상을 왜곡한 것이 된다. 그것은 마치 〈부시맨〉이라는 영화에서 원주민들이 하늘에서 떨어진 콜라 병을 신의 강림으로 알고 경배하는 것과도 같다.

신화가 실상을 왜곡한 유치한 이야기라는 생각이 극단으로 이어지면 신화실재설이 등장하게 된다. 신화 속에 나오는 인물이나 이야기들은 실제로 벌어졌던 일의 각색에 불과하다는 것이다. 더욱이 그 각색도 잘된 각색이 아니라 실상을 파악하지 못해 왜곡한 것이다. 기원

전 4세기 그리스의 철학자 에우헤메로스가 주장한 신화실재설에 의하면 신화에 나오는 신들은 모두 실제로 존재했던 인물들이다. 그의 주장에 의하면 그리스 신화에 나오는 우라노스, 크로노스, 제우스 등의 신들은 역사상 실존했던 고대 왕들이라는 것이다. 그때 신화는 말 그대로 신들의 이야기가 아니라 인간들의 이야기가 된다. 신화는 인류의 조상들이 구체적으로 겪은 일을 이야기로 꾸민 것이 된다.

우리가 신화실재설을 믿는다면 우리가 신화를 읽으면서 할 수 있는 일은 딱 한 가지이다. 실제로 무슨 일이 벌어졌기에 우리 조상들은 이런 식으로 표현한 것일까, 그 실상만 밝히면 된다. 그것은 마치 기독교 경전이나 불경을 역사책처럼 읽는 것과도 같다. 하지만 우리는 어떠한 종교 경전도 역사책 읽듯이 읽지는 않는다. 종교 경전에는 시간과 공간, 즉 역사를 뛰어넘어 전달되는 의미가 들어 있기 때문이다.

신화도 마찬가지이다. 신화에도 의미가 들어 있다. 하지만 그 의미는 논리적으로 밝히거나 증명할 수 있는 의미가 아니다. 그 의미는 논리를 넘어서는 의미이다. 객관적인 논리만 중시하고 객관적인 논리로 밝혀질 수 있는 의미만 진실일 수 있다고 믿는다면 신화는 비논리적이고 그것이 전하는 의미는 진실과 거리가 먼 왜곡된 의미이기에 믿을 수 없게 된다. 신화실재설을 신봉하면서 신화를 폄하하는 사람들이 무엇보다 신화가 비논리적이라는 점을 강조하는 것은 그 때문이다.

신화가 비논리적이기에 의미가 없다는 주장을 뒤집고 반박한 사람이 작년에 101세를 일기로 작고한 인류학자 클로드 레비스트로스이다. 그는 신화에도 논리가 있고 구조가 있다고 주장한다. 하지만 그 논리는 합리적이고 직선적인 논리가 아니라 복합적인 논리이고 모순적인 논리이다. 그의 분석에 의하면 저 유명한 오이디푸스 신화도 이중적인 논리로 되어 있다. 우리는 누구나 사람은 어머니 배 속으로부터 태어난다는 것을 사실로 알고 있다. 동시에 많은 사람들이 인간은 대지로부터 태어난다는 믿음을 가지고 있다. 그의 분석에 의하면 오이디푸스 신화는 그 상호 모순되는 지식과 믿음을 구조적으로 통합한 아주 논리적인 이야기이다. 신화의 구조는 비논리적인 것이 아니라 일반 논리보다 더 정교하고 복합적인 논리로 되어 있다. 모순되는 이야기를 하나의 구조로 완벽하게 통합을 하고 있으니 단 하나의 진실만 향해 나아가는 일반 논리보다 더 정교하고 복합적일 것은 자명한 일이다.

한편 루마니아의 종교학자이자 신화학자인 미르치아 엘리아데는 신화는 영속한다고 말한 것으로 유명하다. 그는 레비스트로스와는 다른 각도에서 신화에 적극적인 의미를 부여한다. 엘리아데에 의하면 신화는 우주가 최초로 창조되던 순간의 이야기들이다. 신화를 읽고 그에 감동한다는 것은 우주 탄생 최초의 순간에 신들이 최초로 행했던 행위를 다시 경험하는 것과 같은 의미를 지닌다. 물론 그 최초의 순간이란 시간적인 의미에서의 최초를 말하는 것이 아니다. 그 최초의 순간이란 가장 순수한 순간, 우주 탄생의 비밀에 동참하는 가장 신비스러운 그런 순간을 말한다. 그가 신화는 영속한다고 말하는 것은 그런 최초의 순간과 마주할 수 있는 인간의 권능이 인간에게 언제고 존재한다고 믿기 때문이다. 인간에게 그런 능력이 사라지지만 않는다면 인간이 존재하는 한 신화는 영속한다.

인류학자 질베르 뒤랑은 한 걸음 더 나아간다. 그도 신화는 영속한다고 말한다. 하지만 그가 말하는 영속의 의미는 엘리아데의 영속과는 그 의미가 다르다. 그는 신화를 중시하는 문화건 신화를 경시하고 억압하는 문화건 신화는 언제고 강력한 힘을 발휘하며 살아 있었고 지금도 살아 있으며 살아 있을 것이라고 말한다. 심지어 역사상의 어느 기간 동안 한 사회의 모든 인식, 표현, 제도 등을 결정하는 근본 동인이 바로 신화라는 말까지 한다. 그때 신화는 우리가 앞 장에서 살펴보았던 셸드레이크의 형태 발생의 장처럼 우리의 삶의 모든 것을 주관하는 보이지 않는 근본 동인이 된다.

하지만 신화에 대한 근본적인 의미 부여에 대해 너무 깊이 천착하지는 말자. 단지 이야기의 원조인 신화는, 신화를 경시하거나 억압하는 사회에서도 여전히 힘을 발휘하고 살아 있었다는 것, 심지어는 상상력과 신화를 경시하는 사상 자체도 신화적 상상력을 바탕으로 성립된다는 역설을 한번 확인해 볼 필요는 있다. 또한 역사적으로 중요한 순간이나 정치적 격변기에는 언제나 신화가 큰 힘을 발휘해 왔다는 것도 확인해 볼 필요가 있다. 신화의 힘을 확인하는 것은 곧 이야기의 힘을 확인하는 것과 같기 때문이다.

우리는 서구의 합리주의는 객관적 진리의 존재에 대한 믿음을 바탕으로 하고 있음을 수차례 지적한 바 있다. 그러한 믿음은 이성과 과학의 진보에 의해 인간이 지상에 유토피아를 건설할 수 있다는 실증주의적 믿음으로 이어졌다. 그러한 진보에 대한 믿음이 역사관으로 나타나면 진보주의 역사관이 된다. 그리고 그러한 진보주의 역사관의 대표 주자가 바로 지난 세기 동안 지구상에서 위력을 떨쳤던 마르크스주의이다.

변증법적 유물론이라는 이름표를 달고 있는 마르크스주의에서 가장 총애를 받는 단어는 '역사'와 '객관성'이라는 단어이다. 마르크스주의는 역사에 절대성을 부여한다. 역사가 절대성을 부여받을 수 있는 것은 인간의 역사는 필경 객관적인 법칙에 의해 흘러갈 수밖에 없다는 믿음이 바탕을 이루고 있기 때문이다. 따라서 실증주의 철학이 그러했듯이 마르크스주의는 객관성, 객관적 진리의 이름으로 신화를 부정하고 파괴하려 한다. 유물론자들은 신화에 대한 믿음을 일종의 몽매주의라고 경멸한다. 과거의 공산주의 국가들에서 종교를 탄압한 것도 같은 맥락에서이다. 종교적 신앙은 맹목적이라서 오류를 범할 수 있다고 보기 때문이다. 게다가 종교적 신앙은 탈 역사적이고 초월적인 존재에 대한 믿음을 전제로 하고 있으니 역사에 대한 절대적인 신앙을 고백한 마르크스주의가 종교를 배격하는 것은 당연한 일이다.

하지만 바로 그 점에서 아주 재미있는 역설이 성립한다. 역사적으로 실제 증명된 사실들은 그들의 진보주의가 객관적 진리가 아니라 그들이 지닌 진보에 대한 믿음일 뿐이라는 것을 보여 준 역설! 실증주의자들의 주장이 설득력을 얻으려면 그들의 주장을 실증해 보여 줄 수 있어야 한다. 변증법적 유물론이 설득력을 얻으려면 역사가 실증적으로, 그리고 객관적으로 그들의 주장을 증명해 주어야 한다. 그러나 역사적으로, 실증적으로 증명된 사실들은 그들의 주장이 실증주의적이고 객관적인 사실이 아니라 단지 진보주의에 대한 신화적 믿음이었음을 보여 줄 뿐이다. 역사는 절대로 그들의 주장대로 흘러가지 않았던 것이다.

그렇다면 우리는 이렇게 말하는 것이 가능해진다. 실증주의자들이나 유물론자들은 객관적 진리의 이름으로 신화의 몽매주의를 타파하려고 했다. 하지만 신화의 몽매주의를 타파하기 위해 그들은 진보주의라는 또 다른 신화를 채택하는 방법을 쓴 것일 뿐이라고. 게다가 그들은 무의식적으로 새로운 신화를 채택하게 된 것이 아니라 의식적으로 신화적인 인물이 되려는 노력을 했다. 변증법적 유물론의 주창자인 마르크스에 대해 뒤랑은 "카를 마르크스가 왜 그토록 아름다운, 근대사에서 가장 아름다운 턱수염을 길렀는지 알고 있는가? 그것은 오로지 그가 주피터의 흉상을 대단히 좋아했기 때문이며(그가 런던에 체류하고 있을 때 그는 사무실 옆 부속실에 그 흉상을 항상 보관하고 있었다.) 그 스스로 올림포스 산의 제우스처럼 새로운 시대의 창건자가 되기를 꿈꾸었기 때문이다. 그리고 실상 진보주의의 제1 모델은 신통계보학이었다. 즉, 거인족의 시대와 크로노스의 지배 이후 갑자기 올림포스에 빛의 시대가 도래하고 주피터에 의한 질서의 시대가 도래했다는 그러한 신통계보학······. 마르크스가 의식적으로, 아주 또렷하게 의식적으로 닮으려고 애썼던 대상은 올림포스의 제우스라는 신화 속의 신이었다."라고 쓴다(『신화비평과 신화분석』, 유평근 역, 살림, 33쪽). 역사의 객관성을 주장한 마르크스가 실은 신화를 얼마나 좋아했고 그 힘을 믿었는지를 아주 재미있게 지적한 글이다.

신화 타파를 외친 사상가들의 내부에서조차 그들의 신화 타파 사상의 동력으로 신화가 작용하고 있었고 신화를 이용했다는 그 역설! 그 역설은 신화적 믿음은 객관적이 아니라서 결국 그릇된 믿음일 뿐이라는 것을 우리에게 확인시켜 주는 것이 아니다. 그 역설은 신화가 얼마나 보편적이며 얼마나 위력을 가지고 있는가를 우리에게 확인시켜 줄 뿐이다. 그들의 잘못은 신화를 채용한 데 있는 것이 아니라 신화 타파의 신화를 객관적이고 보편적인 진리로 내세운 데 있다.

우리가 이 책에서 내내 합리주의를 비판하는 것도 같은 맥락에서이다. 우리가 합리주의자를 비판하는 것은 그들이 합리적이라는 이유 때문이 아니다. 합리적인 것만을 인간적인 것으로 내세우기 때문이다. 그런 의미에서 인간의 비합리적인 측면을 배제하는 합리주의자는 합리적이 아니라 비합리적이다. 세상 돌아가는 이치에 맞지 않는다는 의미에서 비합리적이다. 세상에는 여러 합리성이 존재하는데도 불구하고 단 하나의 합리성을 합리화시키려 하기 때문에 비합리적이다. 그 태도는 세상 모든 사람들이 진보주의라는 유일한 종교의 신도가 되기를 원하고 있기에 교조적이고 비합리적이다.

다시 말하자. 신화를 타파하려 애쓰던 사상에도 신화가 작동하고 있었다는 사실은 신화의 보편성과 위력을 보여 주기에 충분하다. 마르크스도 신화의 힘을 빌려와 공전의 히트 상품을 만들었던 것이 아닌가. 그 신화의 힘이 바로 이야기의 힘이라는 것은 두말할 필요가 없다. 신화를 그렇게 부정하는 사람들도 신화를 부정하는 새로운 신화를 만들기 위해 신화를 이용할 정도로 신화의 힘, 달리 말해 이야기의 힘은 막강한 것이다. 그렇기에 역사적·정치적 격변기에 새로운 세상을 만들거나 변혁을 도모하는 사람들은 언제나 신화적 상상력에 의존한다. 그중 가장 대표적인 예가 미국의 건국이다.

미국은 알다시피 다민족 국가이다. 다민족들이 모여 새로운 하나의 국가를 건설할 때 무엇보다 필요한 것은 그 이질적인 사람들을 한데 묶어 줄 수 있는 강력한 결속력이다. 영국이라는 핏줄의 부정에서 출발한 미국은 미국인 전체를 스스로 태어난 하나의 민족이라는 이미지로 강력하게 묶어 줄 필요성을 동시에 안고 있었던 것이다. 따라서 미국은 인위적인 요구에 의해서 만들어진 국가가 아니라 기독교적 소명에 의해서 독립을 이루었고 독립과 건국의 영웅들이 세운 국가라는 점이 강조된다. 그것은 사실이라기보다는 만든 이미지이다. 그래서 미국 독립과 건국의 영웅들은 건국의 아버지들이 되고 신화의 시조들이 되며 미국인들은 그들과 핏줄로 맺어진 사람들이 된다.

미국인들의 그 유별난 애국심은 자신의 국가가 지구상에서 가장 강력한 국가이고 자신들의 제도가 가장 좋은 것이라는 자부심에서만 오는 것이 아니다. 미국인들은 그들의 조국을 모국으로 인식한다. 미국인들은 새로운 나라 건국이라는 신화(이야기)에 의해 자국민들에게 강한 자부심과 결속력을 심어 주는 데 성공한 나라이다. 그런 의미에서 미국 건국의 시조들은 아주 뛰어난 이야기꾼들이다.

신화는 인류가 최초로 지어낸 이야기이면서 지금도 끊임없이 우리가 만들어 내고 유포하는 이야기이다. 또한 인류가 지구상에 존재한 이래 신화가 존재하지 않았던 때는 없다. 그럼에도 유난히 오늘날 이야기가 강조되고 신화가 인구에 회자되는 것은 딱 한 가지 이유에서이다. 신화나 이야기가 아주 오랫동안 하찮은 것으로 경시되었기 때문이다. 신화나 이야기가 제대로 된 대접을 못 받았기 때문이다.

우리는 서구의 합리주의가 꿈이나 상상력을 얼마나 경시해 왔는가를 이미 확인한 바 있다. 서구에서 신화나 이야기가 제대로 대접을 못 받았던 것은 서구에서 꿈이나 상상력이 경시된 것과 똑같은 이유에서이다. 객관적 진실에 가까이 갈 수 없고 심한 경우 객관적 진실을 억압한다는 이유에서이다. 서구의 합리주의는 꿈이나 상상력을 경시하는 대신 과학의 발전이라는 선물을 얻었다. 하지만 그 안에 사는 인간들은 바슐라르가 말한 '꿈꿀 권리'를 상실했다. 신화의 귀환은 꿈을 빼앗긴 사람들이 다시 꿈꿀 권리를 찾는 자연스러운 생명 현상이다. 신화의 귀환은 사람들이 갑자기 옛날이야기에 관심을 갖게 된 것을 의미하지 않는다. 그것은 융이 그토록 비판한 바 있는 '로봇의 세계처럼 된 서구'에 체온과 숨결을 불어넣으려는 능동적인 반작용을 의미한다. 적어도 서구를 중심으로 보면 그렇다. 그런데 오늘날 지구촌 전체가 대부분 서구화되었다. 그러니 신화의 귀환 현상은 전 지구적 현상이기도 하다. 과학의 발전과 함께 기계화된 사회, 생명력을 상실한 사회에 대한 비판과 경고는 늘 함께해 왔다. 신화의 귀환은 그러한 비판과 경고와 같은 의미를 띠고 있다.

하지만 꿈이나 상상력은 멸시를 받건 말건 인간의 삶의 근본을 이루는 것임을 우리는 누차 확인했다. 그러니 인간의 꿈의 산물인 신화는 인간의 꿈이 존재하는 한 함께 존재할 수밖에 없다. 인간이 존재하는 한 언제고 영속할 수밖에 없다. 그런 의미에서 이야기가 중시되는 요즘의 현상은 마치 상상력에 대한 관심이 그러하듯이 일시적인 유행이 아니다. 그 현상은 "인간은 이성을 가진 동물이다."라는 인간에 대한 정의를 "인간은 꿈을 가진 동물이다, 따라서 이야기를 만드는 동물이다."로 바꾸는 거대한 흐름에 속해 있다.

이야기가 그렇게 중요한 것이라면 우리는 어떻게 이야기를 찾을 수 있는가? 우리의 삶에 어떻게 스토리를 부여할 수 있을 것인가? 신화가 이야기의 원천이고 거기에 인간의 모든 꿈이 들어 있으니 지금부터 열심히 신화를 읽고 거기서 이야기를 발굴해 내면 되는가? 모든 이야기의 유형은 신화에 들어 있는가? 과연 이야기를 만든다는 것은 무엇을 의미하는가?

이야기는 발굴하는 것이 아니라 창조하는 것

광고마케팅의 경쟁

내가 좋아하는 김탁환이라는 소설가가 있다. 우리나라에서 현재 가장 작품 활동이 왕성한 소설가 중 하나다. 그는 1996년에 소설가로 데뷔한 이래 50편 가까운 소설을 써서 발표했다. 1년에 서너 편씩 발표한 셈이니 가히 소설장이라는 이름을 붙일 만한 작가이다. 게다가 그가 발표한 소설들이 어느 일정한 장르에 속하는 것이 아니라 온갖 장르를 넘나드는데다가 발표하는 소설마다 높은 수준과 품격을 유지하고 있으니 정말 독보적인 우리 시대의 소설가라고 할 만하다.

그런데 그는 자신을 소설가나 스토리텔러보다는 스토리 디자이너로 불러주길 원한다. 단순히 이야기를 만들어 전하는 사람에 그치지 않겠다는 뜻이다. 원 소스로서 창조해 낸 이야기가 다른 장르로 변형되어 유통되는 모든 과정을 기획하고 책임지는 콘텐츠 창작자가 되겠다는 것이다. 하지만 나는 그가 내건 스토리 디자이너라는 타이틀에서 자신은 만들어진 이야기를 발굴해서 들려주는 사람이 아니라 매번 이야기를 새롭게 가공하고 창조하는 사람이라는 사실을 강조하고 싶었던 것이 아닌가 하는 생각도 해 본다. 실제로 그는 한 논문에서 그의 그런 의도를 명백하게 밝힌 바 있다. 역사 소설을 쓸 때 문화 콘텐츠로서 구실을 할 수 있는 원 소스를 어떻게 찾아야 하는가를 자신의 작품을 예로 들어 설명한 글이다.

그는 우선 원 소스는 명사형이 아니라 변하는 동사형으로 파악할 필요가 있다고 말한다. 사람이나 사물 혹은 사건은 그 자체로 원 소스가 되지 못한다는 뜻이다. 그는 드라마로도 성공을 거둔 『불멸의 이순신』과 『황진이』의 예를 들어 특정 인물을 다룬 작품의 성공과 실패 여부는 그 인물의 명성에 달려 있는 것이 아니라고 말한다. 중요한 것은 각 인물을 바라보는 창작자의 관점이라는 것이다. 즉, 창작자의 관점에 따라 인물이 지닌 속성 중 어느 어느 부분이 강조될 수 있으며 그런 의미에서 원 소스는 인물 자체가 아니라 인물이 지닌 속성까지 포함된다는 것이다.

둘째로 그는 원 소스를 완성된 결과물이 아니라 완성시켜 나가야 하는 이야기로 볼 필요가 있다고 말한다. 다시 말해 원 소스는 발견하는 것이 아니라 구축하는 것에 가깝다는 것이다. 예를 들어 그는 다양한 이야기를 품고 있는 황진이의 라이프 스토리를 '성숙한 황진이, 예술가 황진이, 고백하는 황진이'로 재탄생시켜 하나의 이야기를 구축한다. 그렇게 새로 구축한 이야기가 원 소스가 되는 것이지 역사 속에 실재했던 황진이 자체나 황진이의 삶의 어느 부분, 혹은 황진이가 지니고 있는 속성 중의 한 부분이 그대로 원 소스가 되는 것이 아니다.

요컨대 원 소스 구실을 할 수 있는 이야기는 발굴하는 것이 아니라 창조하는 것이다. 그리고 그 원칙은 문화 콘텐츠로서의 이야기 만들기에만 적용되는 것이 아니라 모든 종류의 이야기에 두루 적용된다. 아주 당연해 보이는 그 원칙을 새삼 강조하는 것은 이야기의 중요성이 강조되는 오늘날도 아직은 많은 사람들이 이야기의 창조보다는 이야기의 발굴에 더 많은 관심을 기울이고 있는 듯이 보이기 때문이다. 그래서 마치 보물 창고 뒤지듯이 열심히 신화를 뒤지고 설화를 뒤진다. 하지만 이야기 만들기는 유물 발굴 같은 것이 아니다. 이야기는 완성품으로 우리에게 제시되는 것이 아니다. 우리에게 제시되는 것은 이야기의 재료일 뿐이다. 그 재료를 이야기로 구축하고 싶은 마음이 드느냐 아니냐에 따라 이야기는 존재하기도 하고 존재하지 않기도 한다.

우리가 이야기의 시대를 산다는 것은 우리의 삶, 우리 주변의 삶, 심지어는 우주 전체가 하나의 이야기 재료로 우리에게 존재한다는 것을 의미한다. 그것들은 있는 그대로의 모습을 우리에게 보여 주면서 존재하는 것이 아니라 우리의 꿈, 우리의 주관을 통해 변화할 가능성으로 존재한다. 그러한 꿈을 가동시켜 이야기를 만드는 순간 이야기를 만드는 나는 변화한다. 그뿐만이 아니다. 변화의 가능성으로 내게 다가온 세상도 실제로 변화한다. 굉장한 역설이다. 그렇게 되면 이야기는 주어진 현실을 바탕으로 상상력을 가미해 꾸며 낸 것이 아니게 된다. 이야기 자체가 현실을 변화시키는 동력을 갖게 되는 것이다. 좀 더 적극적으로 말한다면 이런 말이 가능해진다. "현실이 상상력을 낳는 것이 아니라 상상력이 현실을 낳는다."

엊그제 재미있는 말을 들었다. "아무리 보아도 과학은 상상력이고 이야기인 것 같아요."라는 말이었다. 저명한 과학자에게서 나온 말이 아니다. 대학원에서 물리학을 전공하고 있는 아들의 입에서 나온 소리였다. 아들은 그 말 뒤에 덧붙였다. "첨단 물리학일수록 새로운 이론의 발견은 순전히 상상력에 의존하는 것 같다는 생각이 들어요. 상상력에 의해 새로운 이야기를 지어낼 능력이 곧 새로운 이론을 만들어 내는 능력 아닐까요?"라고. 이제 겨우 걸음마 공부 단계에 있는 아들의 말이 보편적인 생각을 담고 있다고 볼 수는 없겠지만 아들은 상당히 중요한 지적을 자신도 모르게 하고 있는 셈이었다. 정확성과 엄밀성을 모토로 하고 있는 과학 분야에서도 새로운 이론을 만드는 힘은 이야기를 만드는 상상력에서 나오는 것 같다는 아들의 말은 이야기의 중요성을 가장 확실하게 보여 주는 말이기도 하다. 과학에서 새로운 이론이 나온다면 그 이론에 따라 세상은 다른 세상이 된다. 마치 지동설이 나온 이후에야 사람들에게 지구가 비로소 돌기 시작했던 것처럼. 그 새로운 이론을 만드는 원동력이 이야기에 있다! 그러니 이야기는 세상을 바꿀 힘을 지녔다! 이야기를 만드는 상상력이 현실을 창조한다!

그러니 이야기를 발굴하려 하지 말고 이야기를 만들어라. 이야기를 만들면서 내가 바뀌고 세상이 바뀐다. 나와 세상을 바꾸기 위해서라도 열심히 상상하고 이야기를 만들어라. 내가 바뀔 수 있고 세상이 바뀔 수 있다면 그보다 창의적인 것은 없다.

다시 정리하자. 사람들이 이야기를 중시하게 되었고 신화에 대하여 다시 관심을 갖게 되는 현상은 오랫동안 억압받았던 꿈이 자연스럽게 귀환하는 현상이다. 세상은 우리가 꿈을 꿀 대상이 되고 세상을 향한 우리의 꿈이 이야기를 만든다. 이야기에 의해 변화가 가능한 세상은 우리에게 정서적 만남의 대상이 된다. 이야기를 중시하는 세상은 진리조차 논리나 분석으로 증명되는 세상이 아니라 비유적인 방법으로 말해지는 세상이며 과학적 진술도 하나의 이야기가 되는 세상이다. 그 세상은 꾸며 낸 이야기가 얼마나 사실과 부합하느냐 아니냐가 중요한 세상이 아니라 그 이야기 자체가 발휘하는 힘, 이미지 자체가 맡고 있는 역할이 중요한 세상이다. 광고를 예로 들어 설명을 해 보자.

광고의 기능은 무엇보다 제품의 품질을 널리 알리는 데 있다. 사실이다. 이전에는 감동적이고 화려한 광고 자체보다는 정직하고 정확하게 제품에 대한 정보를 제공하는 광고가 좋은 광고였던 시절이 있었다. 요즘도 허위 과대광고는 늘 규제를 받는다. 하지만 조금 유심히 광고들을 보고 있자면 그 내용이 제품의 기능과는 아무 상관이 없는 광고들이 아주 많아졌다. 자동차 선전에 'sex utility vehicle'이라는 표현이 나오고 주방기기 선전에 화려한 음악과 지휘 장면을 내보내고는 마지막에 'she's fissler!'라는 감동적인(?) 한마디로 끝을 내는 광고까지 있다. 도대체 무슨 제품을 광고하는 것인지 모를 정도이다. 좀 심하게 말한다면 광고를 통해 제품의 정확한 정보를 알려고 하는 사람은 거의 없는 시절이 되었다. 소비자들이 광고 자체를 즐기는 시절이 되었다. 광고 자체가 주는 재미와 감동을 즐기는 시절이 되었다. 어찌 보면 주객이 전도된 그런 시절이 되었다. 제품은 뒷전이고 광고끼리 경쟁을 하는 그런 시절!

광고가 정보를 주는 역할만 담당한다면 광고에서의 주역은 광고주와 상품이다. 그때 부정확한 광고, 과장된 광고, 허위 광고는 언제나 문제가 된다. 하지만 광고 자체가 경쟁하는 시절은 광고주뿐만이 아니라 광고 제작자가 중요해진 시절이기도 하다. 광고 제작자는 광고주의 입맛에 맞는 광고를 제작하는 것만이 능사가 아니다. 광고 자체를 통해 가치를 창출하는 것이 중요해진다. 광고 제작자들은 광고라는 이야기를 만드는 사람들이다.

그렇다. 광고들은 모두 이미지들이고 이야기들이다. 그 이미지나 이야기들의 가치는 그 이미지나 이야기가 선전하는 제품에 종속되어 있지 않다. 그것들은 스스로 가치를 지닌다. 그것들은 스스로 가치를 창출하고 소비자의 가치관을 변화시킨다. 좋은 광고는 제품에 대한 정확한 정보를 담고 있는 광고가 아니라 그 광고로 인해 세상이 긍정적으로 바뀔 수 있게 기여하는 광고이다. 우리는 요즘을 흔히 디자인이 중요해진 시대라고 말한다. 디자인이 중요해진 시대라는 것은 단순히 제품을 포장하는 기술, 선전하는 기술이 중요해진 시대라는 의미가 아니다. 디자인 자체가 능동적이고 중요한 기능을 발휘하는 시대가 되었다는 의미이다. 광고 제작자들은 바로 그 디자이너들이다. 이야기가 중요해진 세상은 광고 디자이너들이 광고주의 요구를 수동적으로 수용해서 광고주의 마음에 드는 광고를 만드는 세상이 아니다. 이야기의 시대는 광고 디자이너의 창의력이 중요해진 세상이다.

광고를 예로 들어 살펴보았듯이 이야기 시대의 기업인은 제품의 질만 가지고 소비자와 만날 수 없다. 소비자의 감성과 만나야 하고 소비자의 욕망과 만나야 한다. 그 소비자는 효율성만 따지는 소비자가 아니다. 누구나 납득하는 보편적인 가치에 납득하는 소비자가 아니다. 그 소비자는 아주 변덕스러운 소비자이다. '이 정도면 상당 기간 소비자를 만족시키겠지.'라고 안심하는 순간 멀리 도망가서 다른 곳에 한눈을 파는 게 오늘날의 소비자이다. 소비자의 변덕을 탓하지 마라. 인간이 그렇게 변하게 되어 있기 때문이다. 그리고 그 변화의 속도가 엄청 빨라진 게 현실이기 때문이다. 인간이 그렇게 오래 만족을 못하는 것은 그 욕망이 한이 없기 때문이 아니다. 인간의 욕망이 여럿이기 때문이다. 한 가지 욕망이 어느 정도 채워지면 곧 다른 욕망이 고개를 드는 게 인간이기 때문이다. 이야기의 시대를 사는 기업인은 그 욕망의 변화를 읽어야 하고 욕망의 변화를 선도해야 하며 새로운 욕망을 창출하기도 해야 한다. 이야기의 시대에서 창의력은 그 변화를 읽고 선도하는 능력을 말한다.

이야기는 그렇게 제품 광고에서만 힘을 발휘하는 것이 아니다. 지금은 전 방위적으로 이야기가 세계를 지배하는 시대가 되었다. 어찌보면 이 시대에 가장 뛰어난 이야기꾼들 중의 하나가 정치가들이다. 정치가들이 국민에게 제공하는 것은 실상이 아니다. 그들은 국민에게 이야기를 만들어 제공한다. 지난 대통령 선거에서 노무현 후보가 보여 준 눈물은 대표적인 이야기에 속한다. 그 이미지는 실상과는 아무 상관이 없다. 또한 눈물을 흘리는 대통령이 대통령 감으로 적당한지 아닌지 하는 문제는 아무 상관이 없다. 사람들은 대통령 될 사람을 뽑으면서도 대통령 감을 뽑는 게 아니라 자기 정서에 맞는 사람을 뽑는다.

상품도 마찬가지다. 술을 좋아하는 사람들을 예로 들어 보자. 술을 좋아하는 사람들이 맛있는 술, 좋은 술을 엄밀하게 판단해서 술을 택하는 경우는 거의 없다. 자신이 어느 특정한 술을 좋아하는 이유는 대개 그 술의 품질과는 관련이 없는 경우가 대부분이다. 진짜로 술을 좋아하는 사람들도 그 제품과 관련된 이야기 때문에 어느 특정한 술을 좋아한다. 그래서 이야기는 중요하기도 하고 위험하기도 하다. 이야기가 중시되는 세상에서는 그게 진짜 눈물이냐 아니냐는 중요하지 않다. 그 눈물이 내게 감동을 주었냐 아니냐가 중요해진다. 옛날 같으면 '악어의 눈물'이라고 비난받을 눈물이어도 아무 상관이 없다. 그래서 이야기가 중시되는 세상은 그 이야기를 만드는 사람들의 책임이 훨씬 막중해진 세상이기도 하다. 그 중요성을 모른 채 이야기의 힘만 믿고 아무 이야기만 막 지어내면 자신도 모르게 세상을 위험에 빠뜨릴 수도 있을 만큼 이야기의 위력은 대단하기 때문이다.

요즘 우리나라가 힘을 기울이고 있는 국가 브랜드 만들기도 대표적인 이야기 만들기 작업이다. 이야기가 중시되는 세상이 되다 보니 한 국가가 어떻게 이미지 관리를 잘하는가, 달리 말해 이야기를 얼마나 잘 만드는가 하는 것이 지수로 평가되기도 한다. 미국 뉴 아메리카 재단 연구원인 더글러스 맥그레이가 2002년에 한 외교 잡지에 발표한 논문에서 제시한 '국민 총 매력 지수(GNC : Gross National Cool)'라는 개념이 바로 그것이다. 여러 가지 판단 기준이 있지만 국력도 감성적 접근에 의해 평가될 수 있다는 것을 보여 주는 대표적인 예이다. 그런데 지금 현재 일본이 '국민 총 매력 지수' 1위 국가란다. 일본이 국민 총 매력 지수가 높은 것은 우연이 아니다. 일본은 메이지 유신 이래 서구의 기술을 받아들여 국력을 키우는 데 힘쓰는 한편으로 끊임없이 일본의 전통과 문화에 대한 이야기들을 만들어 서양에 전달해 왔다. 우리로서는 배가 아픈 일이지만 동양 문화 하면 일본을 떠올리는 서양인들이 아주 많으며 지식인들조차 예외는 아니다. 그게 일본을 매력적인 국가로 만든 것이다. 사실 일본인들은 이야기 만드는 데 일가견이 있고 이야기를 좋아한다. 일본인들 하면 떠오르는 것으로 전통과 가문을 중시한다는 점을 들 수 있을 것이다. 자손 대대로 이어져 오는 작은 가게의 전통은 일본의 전유물 같은 것이다. 전통과 가문, 학연과 지연, 이 모든 것이 다 이야기에 속한다는 것은 두말할 필요가 없다. 조금 더 나간다면 감동 선(腺)을 건드릴 수 있는 것은 모두 이야기라고 볼 수 있다. 남다른 정열도 이야기이고 심지어는 스캔들도 이야기이다. 이야기의 시대, 인간은 감동받을 준비가 되어 있다.

소비자의 꿈을 만나라

이야기 시대의 창조 경영

제품의 광고 자체를 이야기로 만들어 성공을 거두는 데는 역시 스티브 잡스가 으뜸이고 귀감이다. '애플은 맛있어!'라는 광고도 감각을 동원한 훌륭한 이야기 만들기의 예이고 매년 정기적으로 획기적인 신제품을 손에 쥐고 대중 앞에 나타나 파격적인 모습을 보여 주는 것도 이야기 만들기의 예이다. 그가 1984년 매킨토시를 출시하면서 보여 준 〈1984〉라는 광고는 그의 이야기꾼으로서의 재능을 단번에 보여 준 광고이다.

〈1984〉라는 광고는 조지 오웰의 유명한 소설 『1984년』을 패러디한 광고이다. 당시 컴퓨터 시장은 IBM이 석권하고 있었다. 회색의 우울한 공간을 파괴하고 새롭고 밝은 세상을 만드는 스토리로 되어 있는 그 광고는 〈1984〉라는 제목을 노골적으로 들고 나와서 세상을 암

울하게 만드는 빅브라더가 바로 IBM임을 암시한다. IBM이 시장의 독재자요, 다양성을 해치는 비인간적인 존재인 데 반해 애플은 창의적이고 혁명적이며 인간적인 제품이라는 것이다. 사실 여부와는 상관없이 기막힌 차별화 전략이라고 하지 않을 수 없다.

마케팅의 거장으로 알려진 잭 트라우트는 한 사람을 독특하고 두드러지게 만드는 것은 그 사람이 지닌 여러 가지 특성들 중 결국 딱 하나의 특성이라고 말한다. 예를 들어 아인슈타인 하면 지성이고 마릴린먼로 하면 섹시함이라는 것이다. 그의 말은 이야기의 기본 속성을 그대로 지적하고 있는 것이기도 하다. 그의 말은 원 소스가 주어져 있는 결과물이 아니라 관점에 따라 새롭게 구축해 가는 것이라는 말에 그대로 부합한다. 이야기는 실제로 존재하는 인물이나 물건에 대한 모든 기능과 정보를 종합해서 보여 주는 것이 아니다. 그것은 우리가 앞서 살펴보았듯이 이야기 창작자의 관점에 따라 인물이나 대상이 지닌 속성 중 어느 부분을 강조해서 만들어 내는 것이다.

한편 사치 앤 사치의 케빈 로버츠는 "소비자들이 이야기에 열광하는 것은 소비자가 구매하고 싶은 것이 상품의 기능이 아니라 그것이 약속하는 환상이기 때문이다. 마케팅이란 공산품에 이야기를 담는 과정이다."라고 말한다. '환상'이라는 말 때문에 마케팅 능력이란 결국 사기를 치는 능력이 아니냐며 흥분할 필요가 없다. 상상력과 같은 뜻으로 이해하면 된다. 공산품에 이야기를 담아 소비자에게 환상, 즉 상상력을 심어 줄 수 있다면 생산자뿐 아니라 소비자도 창의적이 된다.

마케팅의 아버지라고 불리는 필립 코틀러 노스웨스턴 대학 부속 켈로그 경영대학원 교수도 "성공하는 브랜드는 환상을 판다."라는 말로 그에 화답한다. 그는 "머리로 하는 마케팅은 실패하지만, 가슴을 두드리면 지갑이 열린다." "성공한 마케팅은 브랜드를 교주로 만들고 소비자를 광신도로 만든다."라며 이야기를 바탕으로 한 감성 경영의 중요성을 역설한다. 그가 "우리는 이것도 저것도 다 합니다!"라고 외치는 브랜드는 최악의 브랜드이고 단 하나의 약속을 끝까지 지켜 내는 브랜드가 최고의 브랜드라고 말할 때 그는 이야기 경영의 속성을 정확하게 꿰뚫어 보고 있는 셈이다. 또 "사랑받는 마케팅은 아직까지 충족되지 않은 소비자들의 불만을 끊임없이 찾아내 해소해 주는 겁니다."라고 말할 때 그는 소비자의 감성과 욕망이 얼마나 변덕스러운 것인지를 헤아리고 있는 셈이다.

또한 그는 제품과 관련된 이미지가 실제의 제품의 품질보다 더 중요한 예를 적절히 들고 있다. 바로 앱솔루트 보드카이다. 앱솔루트 보드카는 그 품질 면에서는 다른 보드카들과 별로 다를 것이 없다. 하지만 앱솔루트 보드카는 무언가 특별한 보드카가 되었다. 평범한 보드카를 특별한 보드카로 만든 것은 앱솔루트 보드카에 이야기를 담았기 때문이다. 우선 앱솔루트 보드카가 담긴 반투명 병 디자인은 안에 있는 술이 맑아(pure) 보이도록 하기도 하고 시원하게 김이 서린 것처럼 보이게도 한다. 이미지를 통한 제품의 차별화 전략이다. 둘째로 그 병을 항상 광고 어딘가에 등장시켜 화제가 되게 만든다. 그 회사가 광고를 위해 최고의 아티스트를 이용하는 것은 이미 유명한 일이다. 그렇게 해서 광고 자체를 화제가 되게 만드는 것, 이게 두 번째 비결이다. 마지막으로 그들은 많은 고급 미술 전시회들에 스폰서 역할을 자청해서 한다. 이런 고급 전시회들을 후원하면서 보드카 한 병에도 남들보다 더 많은 돈을 지불할 용의가 있는 상류층 소비자들과 만나게 된다는 것이며 그런 식으로 흔한 보드카에서 프리미엄 술로 거듭난다는 것이 그의 지적이다. 이야기가 평범한 제품을 프리미엄으로 만드는 요술을 부린 경우이다.

이야기를 가지고 소비자와 만난다는 것은 소비자의 꿈과 만난다는 것을 의미한다. 소비자의 꿈과 만나는 일은 인간이 경제적 합리성만 지닌 호모 에코노미쿠스가 아니라는 것을 인정할 때 가능하다. 소비자가 제품을 선택할 때도 단순히 현실적인 기능만으로 그 제품을 택하지 않는다는 것, 하나의 제품을 택하면서 그 기능과는 아무 상관없는 자신의 간절한 욕망을 실현한다는 것을 알아야 이야기를 가지고 소비자와 만날 수 있다. 술을 고르면서도 단순히 맛있고 좋은 술만 찾는 것이 인간이 아니라는 것을 알아야 이야기를 만들 수 있다. 따라서 진정한 이야기를 만드는 능력은 결코 가벼운 능력이 아니다. 인간의 내면을 읽을 줄 알아야 하고 그 욕망을 읽을 줄 알아야 한다. 그래야 생산자와 소비자의 거리가 줄어든다. 이야기를 만들어 소비자와 만나는 일이 쉽고 가벼운 일이 아니라 꿈과 꿈의 만남이며 결국은 생산자와 소비자의 구분까지 없애는 중요한 일이라는 것을 지적해 낸 사람은 역시 롤프 옌센이다. 그는 말한다.

"미래의 기업은 소비자에게 차별화된 감성적 경험을 제공함으로써 가치를 창출한다. (그것이 이야기를 만드는 것임은 두말할 필요가 없다.) 그 이야기들은 기업과 경영자들의 꿈이 체화된 것이다."

그의 말대로 좋은 이야기란 제품의 마케팅을 위해 억지로 꾸며 낸 이야기가 아니다. 그런 이야기에는 감동이 들어 있을 수 없다. 그 이야기는 기업과 경영자들이 꿈이 녹아들어 있는 것이다. 그러니까 기업과 경영자는 단순히 좋은 제품만 가지고 소비자와 만나는 것이 아니라 그 제품을 둘러싼 아우라, 그 제품과 함께하는 그들의 꿈을 가지고 소비자와 만난다. 그 만남은 실용적인 제품으로 만나는 것보다 훨씬 적극적인 만남이다. 그 꿈을 공유하게 되면서 둘이 섞이기 때문이다. 옌센이 "생산자와 소비자의 구분이 무너지는 세상이 오고 있다."라고 말할 수 있는 것은 꿈과 꿈의 만남이 어떤 결과를 낳을지 정확하게 인식하고 있기 때문이다. 프로슈머라는 새로운 신조어를 가능하게 만든 새로운 유형의 비즈니스 모델들은 이야기와 꿈을 공유하게 되면서 생산자/소비자의 구분이 사라진 자리에서 탄생한 것들이다.

하지만 이야기를 중심으로 한 미래의 기업의 모습은 거기서 그치지 않는다. 롤프 옌센은 "사람들의 좋은 기업에 대한 가치관 역시 단순히 돈을 많이 버는 기업에서 감성적 만족을 주는 기업으로 바뀌고 있다."라고 말한다. 생산자와 소비자는 이야기를 중심으로 한 정서와 꿈을 나누면서 마치 좋은 친구와 같은 사이가 된다. 좋은 친구란 돈이 많은 친구가 아니라 만나기만 해도, 생각만 해도 기분 좋은 그런 친구가 아니던가.

이야기에 대한 장을 마무리지으면서 나는 우리나라야말로 거대한 이야기의 보고라는 생각을 한다. 도대체 그 짧은 기간에 이 정도의 산업화와 민주화를 이룩한 나라가 지상에 존재했던가? 그 짧은 기간에 그 많은 드라마를 지닌 국가가 존재한 적이 있었던가? 그토록 많은 꿈을 가지고 그 꿈을 실현하면서 그토록 많은 이야기를 만들어 낸 국가가 있었던가? 우리에게는 우리의 마음만 먹으면 얼마든지 이야기를 만들고 브랜드를 만들 소재가 있고 가능성이 있는 것이다.

더욱이 우리나라 사람들만큼 이야기를 좋아하는 사람도 드물다. 우리는 조금만 건드리면 감동할 준비가 되어 있는 백성이다. 금 모으기 운동을 범국민적으로 벌일 수 있는 것도 우리이며 세계에 전례 없는 붉은 악마의 응원 모습을 보여 주는 것도 우리이기에 가능한 일이다. 세계적인 성공을 거둔 국내 기업을 소개하는 프로그램에 '신화 창조의 비밀'이라는 제목이 붙은 것은 그런 의미에서 아주 적절하다. 이야기를 좋아하는 사람들이 남들에게 감동을 줄 수 있는 신화를, 이야기를 못 만들 리 없다.

이야기의 시대는 단점일 수도 있을 우리의 문화적이고 정신적인 특성을 장점으로 만들기에 알맞은 시대이기도 하다. 비합리적인데다가 지연, 학연 등 정실에 의해 너무 많은 일이 좌지우지된다고 우리는 스스로를 얼마나 비판하고 비판해 왔는가? 하지만 단점이 영원한 단점으로 남고 장점이 영원한 장점이 되는 경우는 결코 없다. 합리적이어야 할 때 정실로 흐르고 정에 의해 판단하고 행동해야 할 때 짐짓 계산적이 되고 냉정해지는 것이 문제이지 정이 많은 것과 계산에 밝은 것은 그 자체로 단점이나 장점이 아니다. 그러니 사람과 사람의 만남에서 냉정한 계산이 아니라 따뜻한 감성끼리의 만남을 우선시하는 이야기의 시대는 바로 우리의 시대라고 해도 된다. 온갖 이야기와 신화가 축적되어 있으며 지금도 이야기와 신화를 만들어 가는 우리나라는 제대로 이야기 시대를 만난 셈이다. 결코 맹목적인 낙관이나 자찬이 아니다. 사실 맹목적인 낙관이나 자화자찬보다 더 좋지 않은 것이 맹목적 비판과 비관이다. 엄밀한 의미에서의 비판적인 안목은 우리의 결점과 함께 우리의 장점도 함께 볼 수 있어야 생기는 법이다.

다시 말하자. 이야기 시대의 인간은 감동받을 준비가 되어 있는 인간이다. 우리의 국가 브랜드 만들기도 "우리의 모습을 얼마나 잘 보여줄 수 있을까?"라는 고민과 "어떻게 우리의 모습을 감동적인 이야기로 만들 수 있을까?" 하는 고민이 함께해야만 성공할 수 있다. 좀 더 정확하게 말한다면 뒤의 고민이 앞의 고민보다 우선해야 성공할 수 있다.

하나만 더 덧붙이자. 너무 많은 정보나 너무 많은 특성이 들어간 이야기를 만들려고 애쓰다가는 실패하기 십상인 것은 물론이다. 이야기는 실제로 벌어진 일이나 역사를 담는 것이 아니기 때문이다. 이야기는 환상을 담는 것이다. 그 환상은 거짓이 아니라 현실을 창조하는 동력이다.

제7장

나는 체험하고 사랑한다,
고로 나는 창조한다

소 비 자 의　지 갑 을　여 는　건　사 랑 이 다

"아주 참을성이 있어야 돼. 처음에는 그렇게 풀밭에 좀 멀리 떨어져 앉아 있어.
내가 곁눈으로 너를 볼 거야. 하지만 아무 말도 하지 마.
말이라는 건 오해의 근원이거든. 하지만 매일 조금씩 더 가까이 와서 앉아도 돼."

_『어린 왕자』(생텍쥐페리)

창의적 혁신의 결정적 열쇠, 실행력

구체적 체험 그리고 사랑

단 하나의 유일한 합리성을 부정하는 현대는 구체적 체험을 중시하는 시대이기도 하다. 유일한 관념적 합리성을 부정하면서 당연히 구체적 현장 체험에서 솟아나는 다양한 원칙들을 중시하게 된 시대가 되었다는 것이 그 일차적 의미이다. 하지만 다른 의미도 있다. 구체적 체험을 통해서, 굳건한 것으로 생각했던 원칙이나 믿음이 무너지는 경험을 여러 사람들이 하게 된 시대라는 의미도 있는 것이다. 『슬픈 열대』라는 책을 쓴 레비스트로스가 문화 상대주의를 주창하게 된 결정적인 계기가 된 것은 그가 이른바 '야만인들'의 삶을 구체적으로 접하면서였다. 그는 아메리카 인디언들의 신화와 전설, 제도, 삶들을 구체적으로 경험하고 살펴본 후 '문명화된 백인'과 '야만 상태의 유색인'의 이분법적 구분이 그 얼마나 잘못된 허구인가를 뼈저리게 느끼게 된다. 그의 문화상대주의는 책상머리에서 나온 것이 아니라 현장에서 나온 것이다.

진리는 상대적이라는 것, 구체적 경험을 통해 언제고 수정될 수 있다는 것을 확실한 이론으로 보여 준 사람이 가스통 바슐라르이다. 그는 '응용 합리주의'라는 조금 어려운 개념을 사용하여 '합리성'이라는 것은 절대적이고 불변적인 것이 아니라 구체적 상황과 만나서 언제고 수정될 수밖에 없는 가변성을 지닌 것이라고 말했다.

여기서 가만히 생각해 보면, 역사적으로 유명한 철학자나 사상가들은 꽤 오랫동안 두 편으로 갈라져 열심히 싸워 온 것 같기도 하다. 한편은 "내가 내 머리로 생각해 낸 진리가 가장 순수하고 절대적이다."라는 주장을 열심히 해 왔고 다른 한편에서는 "경험할 수 있는 구체적 대상 속에 진리가 들어 있다."라는 주장을 해 왔다. 전자를 우리는 관념론이라고 부르고 후자를 경험론이라고 부른다. 우리가 잘 아는 유물론은 물론 경험론의 연장선상에 위치한다. 전자는 후자에 대해 경험이나 물질은 진리의 순수성을 훼손시킨다고 공격했으며 후자는 전자에 대해 구체적 경험을 무시한 관념론은 공허한 유희일 뿐이라고 공격해 왔다. 바슐라르의 응용 합리주의는 그 둘을 손잡게 한셈이다. 혹은 그 두 주장을 모두 무색하게 한 셈이다.

말이 나온 김에 조금 설명하자. 바슐라르는 응용 합리주의라는 표현을 통해 "합리화하고자 하는 정신이 없으면 합리성은 없다. 반대로 대상과 만나지 않는 유일한 합리성이라는 것도 존재하지 않는다."라고 말한 셈이다. 조금 골치 아픈 이야기지만 간단히 요약하자면 합리성이라는 것은 합리적인 법칙을 찾으려는 정신을 가지고 구체적 대상과 만났을 때 찾을 수 있다는 것, 따라서 합리성은 합리성을 추구하는 정신에만 들어 있는 것도 아니고 그 정신과 상관없이 물질이나 현상 속에 객관적으로 존재하는 것도 아니라는 뜻으로 이해하면 된다.

그러니 합리적인 원칙을 세우려는 기본적인 자세가 없으면 합리성은 보이지 않으며 반대로 아무리 합리적인 원칙을 세우려고 해도 구체적 대상과 만나지 않으면 공허한 신기루만 소득으로 남을 뿐이다. 그것을 경영과 관련지어 생각한다면 합리성이라는 어려운 단어를 비즈니스 모델, 경영 원칙, 경영 전략, 이런 것들로 대체해도 될 것이다. 과연 내가 공감한 새로운 경영 이론가들 중에는 구체적 경험을 강조하는 사람들이 많다. 그들은 구체적 경험을 강조하면서 무소불위의 절대적 전략, 유일한 경영 원칙 들은 존재하지 않는다고 말한다.

블루 오션의 김위찬 교수는 진정한 혁신의 힘은 실천적 방법론을 갖출 때 비로소 생길 수 있다고 말한다. 블루 오션 전략은 창의적 혁신을 위한 전략이지만 그 창의성은 머리에서만 나오는 것이 아니라 실천을 통해서만 구체적 방법론이 나올 수 있다는 뜻이다. 또한 100-1=0 방정식을 내세운 왕중추는 "내 책의 내용은 기업 현장에서 일어나는 실제 사례를 위주로 작성한 것이다. 거창한 경영 이론이나 통일된 개념 같은 건 없다."라고 말한다. 또한 지식 경영 이론가인 피터 셍게 MIT 교수가 "벤치마킹보다 결정적인 것은 실행이다."라고 말하는 것도 누구나 벤치마킹해서 모방만 제대로 하면 성공이 보장되는 유일한 원칙이나 모델은 없다는 것을 강조하기 위해서이다. 또한 아무리 뛰어난 모델이 있다고 하더라도 제 몸에 맞게 체화하고 변형시켜야지 그대로 가져다 쓸 수는 없다는 이야기를 하기 위해서이다. 지식 경영 이론가조차도 구체적 실행을 중시하는 것을 보면 무소불위의 유일한 원칙을 믿지 않는 세상이 된 것만은 확실한 것 같다.

하지만 내가 여기서 쓴 체험이라는 표현은 구체적 경험이나 구체적 실행만을 의미하지는 않는다. 상상력의 시대에 체험의 의미는 그 이상이다. 그것이 단순히 구체적 경험만을 의미한다면 체험한다는 것이 사랑한다는 것과 한데 어울리는 것은 무언가 어색하다. 우리가 말하는 체험은 주관과 객관의 만남으로서의 체험이 아니라 주관과 주관의 만남으로서의 체험이다. 그래서 그 체험은 자연스럽게 사랑으로 연결된다. 이해를 돕기 위해 거의 누구나 알고 있는 유명한 소설을 한 편 읽어보기로 하자. 생텍쥐페리의 『어린 왕자』이다.

몰입이 없으면 이룰 수 없다

길들여진다는 것 그리고 몰입의 법칙

『어린 왕자』는 세계적인 베스트셀러이다. 하도 잘 알려진 책이라서 대개는 편한 마음으로 쉽게 읽는 책이다. 게다가 어른을 위한 동화 형식으로 된 책이니 심각하게 읽을 필요도 없어 보인다. 하지만 전 세계 수많은 사람들에게 그토록 오랜 기간에 거쳐 감동을 준 베스트셀러 소설의 내용이 절대로 만만할 리가 없다. 실제로 그 소설이 전하는 메시지는 절대로 쉽거나 단순하지 않다. 나는 아주 오래전부터 대학교 2학년 수업에서 그 소설을 다룬다. 학기 종료 후 과제물을 받아 읽어 보면 많은 학생들이 어릴 때 그냥 가볍게 읽은 책인데 다시 원서로 읽어 보면서 그토록 깊은 의미가 담겨 있는 것을 알고는 큰 감동을 받았다고 쓴다. 대부분의 과제물이 으레 그렇듯이 약간의 과장이 들어 있는 것도 사실이지만 새로운 눈으로 작품을 읽고 자신을 돌아볼 계기로 삼게 된 학생이 많은 것도 사실이다.

작품의 맛을 좀 죽이는 기분이 없는 건 아니지만 나는 작품의 화자가 죽음의 위협에 처한 순간에 나타난 어린 왕자를 화자가 오랫동안 잊고 있던 화자의 또 다른 모습으로 읽는 데 익숙하다. 그 또 다른 '나'는 보이지 않는 것을 볼 줄 아는 능력을 가진 '나'이다. 화자는 어린 아이일 때 그 능력을 가지고 있었다. 하지만 그 능력은 현실적으로는 아무 써먹을 데가 없는 능력이다. 그래서 어른들은 그 능력을 발휘하거나 연마하는 일일랑 집어치우고 현실적으로 쓸모 있는 산수, 문법, 지리, 역사 등을 배우라고 권한다. 그 모든 것은 유용한 공부들이다. 그는 그런 공부들을 하면서, 본래 타고난 능력은 마음속 깊이 꿈으로만 간직한 채 어른이 되어 간다. 어른이 되어 가면서 그는 많은 사람들을 만났지만 진정으로 이야기를 나눌 사람은 한 번도 만나지 못한 채 외롭게 지낸다. 그런 것을 우리는 아마 군중 속의 고독이라고 표현할 수도 있을 것이며 풍요 속의 빈곤이라고 표현할 수도 있을 것이다. 우리가 지금 다루고 있는 주제에 걸맞게 말한다면 '체험 없이 살아온 삶'이라고 해도 된다.

그런데 화자에게 절체절명의 위기가 찾아온다. 비행사인 화자의 비행기가 사막 한복판에 불시착한 것이다. 그 죽느냐 사느냐의 위기의 순간에 홀연 어린 왕자가 나타난다.

죽느냐 사느냐 절체절명의 순간에 나타난 어린 왕자는 화자가 어른이 되어 가면서 그 존재조차 잊고 있었던 또 다른 '나'의 출현 바로 그것이다. 혹은 마음속 깊이 간직했던 꿈을 다시 표면에 떠올린 또다른 나의 출현이다. 그 또 다른 '나'는 어른이 되어 가면서 잊고 있던 삶의 근본적인 질문을 다시 던진다. 그 근본적인 질문이란 산다는 게 무엇인지, 인간은 어디서 왔다가 어디로 가는지, 어떻게 사는 게 제대로 사는 것인지 등의 질문이다. 누구든 죽음을 눈앞에 두고는 자기가 제대로 살아오기는 한 것인지, 산다는 게 무엇인지 등의 근본적인 질문을 던지게 마련이 아닌가. 누구든 죽음을 눈앞에 두면 어느 정도 철학자가 되는 법이다.

작품에서 어린 왕자는 자신이 살던 소혹성 B612호를 떠나 이상한 어른들이 사는 여러 별들을 거쳐 지구에 도달한다. 이상한 어른들을 만나고 여우를 만나면서 어린 왕자는 많은 것을 배운다. 하지만 어린 왕자가 배운 것은 산수, 문법, 지리, 역사를 통해 화자가 배운 것과는 다른 것이다. 어른이 되는 공부를 통해 화자가 지식을 습득했다면 어린 왕자는 여행 체험을 통해 삶의 비밀을 깨닫는다. 그러니까 『어린 왕자』는 어른이 되는 공부(화자가 실제로 해 온 공부)와는 다른 공부를 통해 삶의 비밀을 터득하는 과정을 그린 일종의 성장 소설이라고 보아도 된다.

어린 왕자가 깨우친 중요한 삶의 비밀 중의 하나가 결국은 진정한 만남과 사랑의 방법이다. 어린 왕자는 삶의 지혜를 가르쳐 주는 스승 격인 여우로부터 그 비밀을 터득한다. 그 비밀은 '길들인다'라는 행위에 압축되어 있다.

여우의 입에서 나온 '길들인다'라는 단어의 의미를 묻는 어린 왕자에게 여우는 '끈을 창조하는 것'이라고 답한다. 끈을 창조한다는 것은 진정한 관계를 새로 만든다는 것을 의미한다. 자신을 길들여 달라는 여우의 말에 어린 왕자는 자기도 그러고 싶지만 친구도 사귀어야 하고 할 일도 많아 시간이 별로 없다고 대답한다. 그러자 여우는 친구를 원한다면 자신을 길들이라고 말한다. 길들이지 않고는, 즉 진정한 관계를 만들지 않고는 친구를 가질 수 없기 때문이다. 내가 여우의 말에서 주목하는 것은 '창조한다'라는 동사이다. 사람과 사람 사이의 진정한 관계는 객관적인 상황에 의해 이미 주어져 있는 관계가 아니라 둘 사이에 새롭게 만들어 가는 관계라는 것을 '창조한다'라는 동사가 암시하고 있다. 나는 체험이라는 단어를 여우가 말한 '새로운 관계를 창조하는 것'의 의미로 사용한다.

  그것은 '사람과 사람 사이의 만남은 마치 화학적 융합과도 같은 것'이라는 융의 말과도 일맥상통한다. 화학적 융합은 이질적인 원소들이 서로 섞여서 각각의 원소들과는 성질이 전혀 다른 새로운 존재를 만들어 내는 것을 의미한다. 주관과 주관의 만남은 그런 것이다. 주관과 주관의 만남은 주관끼리 충돌하는 것이 아니라 주관들이 서로 섞여서 새로운 것을 만들어 내는 것이다. 그런 것을 두고 우리는 간주관성(間主觀性, inter-subjectivity)이라는 조금 어려운 표현을 쓰기도 한다. 사람은 대개 자기중심적으로 세상을 본다. 그래서 그 대상이 사람이 되건 사물이 되건 자신의 입장에서 대상을 관찰한다. 그때의 만남은 언제나 주관과 객관의 만남이 된다. 그런 식의 만남에서는 주관과 대상 사이에 벽이 존재한다. 사람과 사람의 관계로 보면 각자 자신의 주관 속에 갇혀 자신을 지키는 존재끼리의 만남이 된다. 거기서는 새로운 관계가 창조될 수 없다.

우리가 이미 살펴본 역지사지의 태도는 간주관성을 실천하는 아주 좋은 방법이다. 하지만 말이 쉽지 역지사지를 실천하는 건 보통 어려운 일이 아니다. 그러니 '새로운 관계를 창조하는 것'은 쉬운 일이 아니다. 사실을 말하자면 자기를 지키면서 정신 차리고 대상을 관찰하고 분석하는 것보다 더 어렵다. 익숙해 있던 일이나 공부를 하는 것보다 진정한 사랑을 하는 게 더 어려운 것이나 마찬가지다. 대상이 사물이 되었건 사람이 되었건 제대로 사랑을 하려면 몰입의 시간이 필요하고 약속을 지키는 게 필요하고 훈련이 필요하다.

길들이려면 어떻게 해야 하느냐는 어린 왕자의 질문에 여우는 "참을성이 있어야 해."라고 대답한다. 길들이는 일은 "이제 친해지기로 하자. 이제 사랑하기로 하자."라고 결심한다고 되는 일도 아니고 손가락을 걸어 맹세한다고 당장에 되는 일도 아니다. 여우는 이렇게 말한다.

"아주 참을성이 있어야 돼. 처음에는 그렇게 풀밭에 좀 멀리 떨어져 앉아 있어. 내가 곁눈으로 너를 볼 거야. 하지만 아무 말도 하지 마. 말이라는 건 오해의 근원이거든. 하지만 매일 조금씩 더 가까이 와서 앉아도 돼."

우리는 여기서 둘이 서로 길들여지는 것을 서로 사랑하게 되는 것이라고 바꾸어 생각해도 될 것이다. 사랑을 하게 되는 데 시간이 필요하고 참을성이 필요한 것은 사랑은 아는 것이 아니라 하는 것이기 때문이다. 그 시간은 사랑을 구체적으로 체험하는 데 필요한 시간이다. 사랑을 체험한다는 것은 사랑을 체화해서 몸에 배게 만드는 것이다. 사랑의 본질을 습득해서 제 것으로 만드는 것이다. '묻지도 않고 따지지도 않고' 상대방을 그냥 사랑할 수 있게 되는 자연스러운 상태에 이르는 것이다. 상대방과의 거리를 없애고 하나가 되는 것이다. 그 시간은 둘 사이에 사랑을 실현하는 시간이면서 동시에 사랑의 본질을 몸으로 익히는 시간이기도 하다. 어찌 보면 그건 요술이고 도술이다. 상대방을 사랑함으로써 상대방과 자신이 융합하고 완전히 다른 존재가 되는 그런 도술. 마음만 먹으면 언제고 사랑이 가능한 그런 도술.

하지만 그 도술은 하루아침에 익힐 수 있는 것이 아니다. 그 도술을 습득하기 위해서는 구체적 체험의 시간이 필요하다. 깨달음을 몸에 익히는 시간이 필요하다. 사랑이 무엇인가 알기 위해서는 책 한두 권 읽는 시간으로 족하지만 사랑을 익히기 위해서는 몰입의 시간이 필요하다. 우리가 흔히 보는 만화나 소설에서 도사들이 제자를 교육하면서 긴 기간 동안 실제 도술은 하나도 안 가르쳐 주고 자질구레한 일만 시키는 것은 그 때문이다. 제자는 속으로 툴툴거린다. '쳇, 매일 밥 짓고, 빨래만 하고 도대체 도술은 언제 가르쳐 주겠다는 거야. 게다가 걸핏하면 야단이나 치고.'

하지만 세월이 지나면 그야말로 놀라운 도술이 벌어진다. 제자는 자기도 모르는 사이에 어느새 도술을 익힌 존재가 되어 있는 것이다. 그 긴 수련 기간이 기능을 배운 기간이 아니라 원리를 깨우치는 기간이었기에 가능한 일이다. 도술 하면 우리가 금방 떠올리는 게 변신술이다. 자기 마음먹은 대로 다른 존재가 될 수 있는 도술이 변신술이다. 역지사지의 원리가 몸에 완전히 배게 되는 것이 바로 변신술이다. 자기 마음먹은 대로 자유자재로 남의 입장이 될 수 있는 것, 그게 변신술이다. 그러니까 변신술을 자유자재로 부리는 사람은 자기 속에 세상 모든 존재가 다 들어 있는 사람이면서 필요에 따라 자유자재로 그중의 한 모습으로 변화하는 일이 가능한 사람이다. 도사의 자유자재(自由自在)는 울어야 할 때 울 수 있고 웃어야 할 때 웃을 수 있는 자유자재이다. 강해야 할 때 강하고 부드러워야 할 때 부드러운 것이 도사의 기본이다. 만일 제자가 기능만 배웠다면 정식으로 배운 한두 가지 변신술밖에는 못 부린다. 하지만 원리를 깨우치게 되면 한꺼번에 그 모든 기능을 제 것으로 할 수 있다. 맹수로도 변할 수 있고 순한 양이 될 수도 있고 하늘을 날 수도 있으며 물속에서 여유롭게 헤엄칠 수도 있다.

한 가지만 더 지적하자. 도사가 된다는 것이 세상을 품은 것을 의미하는 이상 도를 닦는다는 것이 결코 속세와 멀어지는 것을 의미하지 않는다. 도사가 도를 닦으려고 산 속으로 들어가는 것은 속세에 있으면 이것저것 눈을 흐리는 게 많아서 원리를 터득하는 데 방해가 되기 때문이지 속세를 버리려고 산으로 가는 것이 아니다. 그 무엇

엔가 몰입하기 위해서 산으로 갔을 뿐이다. 몰입을 통해 세상 전체를 보고 품을 수 있는 존재가 되기 위해 산으로 갔을 뿐이다. 도를 닦으려고 산으로 들어가는 것은 그렇게 방해받지 않는 기간이 필요하기 때문이다.

그 무언가에 도사 소리를 들으려면 길들이기 혹은 사랑이 그러하듯이 그렇게 몰입의 기간이 필요하다. 몰입한다고 해서 마치 말에게 앞만 보고 달릴 수 있도록 옆 가리개를 붙이는 것을 연상할 필요가 없다. 문제는 기간이다. 자기가 하는 일과 친해지기 위해 기본을 닦는 기간이 몰입의 기간이다. 자기가 하는 일에 깨달음을 얻기 위해 정진하는 기간이 몰입의 기간이다. 그 기간은 시야가 좁아지는 기간이 아니라 몰입을 통해 원리를 깨닫고 시야가 깊어지면서 넓어지는 기간이다. 아주 좋은 예가 하나 있다. 나의 아주 가까운 친구 이야기이다. 그 친구를 가까이서 보면서 나는 여러 번 놀란 경험이 있다.

그 친구는 주식으로 큰 성공을 거두었다. 오랫동안 회사 생활을 하다가 은퇴 후 주식에 입문하더니 이제는 도사 소리를 들을 정도가 되었다. 그 친구는 회사에 재직 중에도 먼 훗날 은퇴 후 주식에 입문하겠다는 목표를 세웠단다. 그런데 은퇴 후에 주식에 입문하겠다는 목표를 세운 친구가 매일 주식 시세표만 들여다보거나 주식에 관련되는 책만 읽은 것이 아니다. 그는 심리학이나 철학 등 인문학 책들을 더 많이 읽었단다. 나를 놀라게 한 첫 번째 이야기다. 그 친구가 자주 그 사실을 이야기하는 것을 보면 주식으로 성공한 사람들의 이야기

등 주식과 직접 관련되는 책들보다는 심리학이나 철학 책이 더 도움이 되었다는 점을 강조하고 싶었던 게 아닌가 싶다. 그 무언가에 몰입한다는 것이 시야를 좁히는 것이 아니라는 것을 실제로 보여 준 좋은 예이다. 내게는 그가 심리학 등의 책을 읽으면서 보낸 기간이 자신이 스스로에게 부과한 수련 기간처럼 보인다. 기능보다는 보다 큰 기본 원리를 깨우치기 위한 수련 기간.

다음으로 그 친구가 자주 하는 이야기가 또 있다. 그렇게 오랫동안 장기적인 안목을 가지고 준비하고 주식에 입문했는데도 '주식에 대해 알게 되기까지' 입문 후 거의 10년이 걸렸다는 이야기. 이게 나를 두 번째로 놀라게 한 이야기이다. 어느 분야에선가 성공을 거둔 사람들에게 성공의 방법이나 비결을 물으면 대개 겉으로는 자신의 피나는 노력을 내세우면서 내심으로는 은근히 자신의 능력을 과시하게 마련이다. 그런데 그 친구는 아주 솔직하게 절대적인 시간이 필요하다고 말하고 있었다. 주식 도사가 되는 데는 피나는 노력만으로도 안 되고 재능만으로도 안 되며 긴 숙련 기간이 절대적으로 필요하다고 말하고 있었다. 세상 무슨 일이건 몰입의 시간이 없으면 이룰 수 없다는 기본적인 원칙을 이야기하고 있었다. 그가 '주식에 대해 알게 되기까지'라고 표현한 것을 나는 '주식을 체험하기까지'라는 표현으로 바꾼다. 체험을 통해 그는 주식의 기본 원리를 자기 것으로 할 수 있게 되었다고 보면 된다. 주식을 체험하는 기간이 바로 수련 기간인 셈이며 이쯤 되면 영락없는 도사 수업을 받은 셈이 된다.

그런데 그런 식의 도사 수업은 그 효과가 정말 만만치 않다. 그는 그러한 도사 수업을 통해 주식의 비결만 터득한 것이 아니다. 그가 주식을 하면서 터득한 비결은 주식에만 적용되는 것이 아니라 사람살이 전반에 그대로 적용될 수 있다. 그건 주식의 비결이 아니라 삶의 비결이다. 그래서 주식에 대해서만 뭔가가 보이는 게 아니라 사람살이 전반에 대해서도 그 무언가가 보인다. 그것이 바로 깊어지면서 넓어지는 것이다. 그것이 그 무언가에 몰입해서 그 기본 원리를 터득할 때 얻는 즐거움 중의 하나이다. 그 몰입은 기능만을 익히는 몰입이 아니다. 원리를 익히는 몰입이다. 그렇다고 그 몰입이 기능 습득을 방해하는 것이 아니다. 거꾸로 모든 기능들을 단번에 이해할 수 있게 해 준다. 달리 말하면 직관이 생긴다. 직관은 흔히 오해하듯이 타고난 능력이 아니다. 직관은 한눈에 전체를 파악하는 능력이기에 논리를 뛰어넘는다. 그래서 직관적인 판단은 일일이 알아듣게 설명하기가 힘이 든다. 그 능력은 '일반적인 눈으로는 도저히 볼 수 없는 진리를 파악하는 능력'이라고 직관 연구가들은 말한다. 그래서 천부적인 재능처럼 보이기 쉽다. 정말 신나는 능력이다. 하지만 그러한 직관은 오랜 수련 기간이 없으면 습득이 불가능하다. 직관이 작용할 수 있도록 우리의 뇌가 훈련이 되어야 하기 때문이다.

다시 한 번 강조하자. 사람들은 대개 도사가 보여 주는 그 능력에 혹한다. 그의 도술을 부러워한다. 그리고 그 비법을 쉽게 배우고 싶어한다. 도술의 비법이 따로 있어서 그 비법만 손에 넣으면 누구나 도술을 부릴 수 있는 것으로 알기 때문이다. 도술 비법이 수학 공식처럼 객관적으로 나와 있다고 보기 때문이다. 그래서 그 비법 공식과 약간의 재능만 있으면 얼마든지 도사가 될 수 있다고 믿는다. 천만의 말씀이다. 비법은 따로 존재하지 않는다. 비법은 구체적 체험 그 자체에 있을 뿐이다. 체험을 통해 터득한 원리, 몸에 밴 원리, 그 설명하기 어려운 원리에만 있을 뿐이다. 벤치마킹의 효과가 제한적인 것은 그 때문이며 정말 창의적인 일을 하기를 원한다면 절대로 벤치마킹하지 말라고 이야기하는 것도 그 때문이다. 벤치마킹을 통해 배우는 것은 잘해야 한 가지 변신술이다. 언제나 벤치마킹을 통해 배워 버릇하면 새로운 일을 시도해야 할 때마다 벤치마킹할 대상을 찾아야 한다. 정말 고단한 일이다. 게다가 그때마다 제대로 벤치마킹에 성공한다는 보장도 없다. 벤치마킹을 해서는 절대로 자유로운 변신술을 터득할 수 없다. 원리를 익혀야 자유롭게 변신할 수 있고 창의력이 생긴다.

당신의 회사와 상품은 이미 예술이다

비밀 공유의 법칙

어린 왕자 이야기로 다시 돌아가자. 여우와 어린 왕자는 서로 길들여진다. 말하자면 사랑을 하게 된 것이다. 헤어질 때가 되자 여우는 어린 왕자에게 비밀을 하나 선물한다. 그 비밀의 내용은 "본질적인 것은 눈에 보이지 않는 법이다."라는 것이다. 재미있게도 우리가 앞에서 다룬 "나는 보이지 않는 것을 본다."가 그 비밀의 내용이다. 그러니 그 내용을 여기서 다시 살펴볼 필요는 없겠다. 우리가 주목할 것은 그게 왜 비밀인가 하는 것이다.

비밀이란 무엇인가? 비밀 속에는 무엇이 감추어져 있는가? 그 비밀은 어떻게 모습을 드러내는가? 비밀이 무엇인가를 알기 위해 일단 그것을 우리가 풀어야 할 문제의 하나로 간주하고 생각을 전개해 보자. 문제에는 여러 종류가 있지만 그중 비밀과 가장 가까운 것이 수수께끼이다. 상식으로는 풀어내기가 어렵다는 것이 수수께끼와 비밀의 공통점이다. 하지만 수수께끼의 답과 비밀의 답은 다르다. 수수께끼가 일단 풀리고 그 답이 주어지면 누구나 고개를 끄덕인다. 방법만 몰랐을 뿐이지 답에는 누구나 동의한다. 누구나 고개를 끄덕이고 동의를 하는 답을 우리는 객관적인 답이라고 말할 수 있다. 그러니까 수수께끼가 감추고 있는 의미는 객관적인 의미이다. 그 방법이 더 엉뚱해지면 난센스 퀴즈가 된다. 반대로 그 방법마저 누구나 동의할 수 있는 객관성을 띤 것이 영어나 수학 등의 시험 문제 같은 것들이다. 그런 문제에는 정답이 있다. 하지만 답이 밝혀져도 고개를 갸우뚱하거나 어리둥절할 수밖에 없는 게 비밀이다. 더 정확히 말한다면 정답이 존재하지 않고 설사 답이 있다고 하더라도 정확하게 말로 전달할 수 없는 게 비밀이다.

기왕 사랑 이야기를 하고 있으니 사랑을 예로 들어 보자. 사랑을 주제로도 여러 가지 문제를 낼 수가 있을 것이다. "사랑이 무엇이냐?"라는 질문 자체를 수수께끼 형식으로 낼 수도 있고 요리만 잘하면 정식 시험 문제로도 출제가 가능하다. 하지만 그런 식으로 주어지는 객관적인 문제와 답은 사실 아무 의미가 없다. 그것은 진짜 사랑의 의미가 아니다. 진짜 사랑의 의미는 사랑하는 사람 사이에서 주고받는 의미 바로 그것이다. 그 의미는 당사자들 외에는 그 누구도 그에 동참할 수 없는 의미이다. 그 의미는 구체적으로 사랑하는 행위와 함께하는 것이지 수학 정답처럼 누구에게나 공통으로 주어지는 것이 아니기 때문이다. 그 의미는 철저히 주관적인 의미이지 객관적인 의미가 아니기 때문이다. 사랑하는 사람 사이에만 오가는 의미, 그 구체적 경험과 따로 떨어져서는 도저히 드러날 수 없는 의미, 그것이 바로 비밀이다. 그러니까 비밀은 구체적 체험과 떨어질 수 없는 주관적 의미이다. 연애 이론에는 도사가 실제로는 연애 한 번 못해 보는 일이 벌어지는 것은 그 때문이다. 사랑은 하는 것이지 아는 것이 아니기 때문이다. 사랑에는 객관적 답이 있는 것이 아니기 때문이다.

비밀은 그 무언가를 구체적으로 체험한 사람들 안에 철저히 닫혀 있다. 그 체험이 없는 사람은 비밀의 문을 열 수 없다. 그것이 비밀의 폐쇄성이며 그 폐쇄성이 비밀의 기본 속성이기도 하다. 하지만 역설적이게도 그 비밀의 문을 열 가능성은 누구에게나 열려 있다. 사랑하는 당사자끼리 나누는 의미는 철저히 그들에게 닫혀져 있지만 사랑을 할 가능성은 인류 전체에게 열려 있기 때문이다. 하지만 가장 객관적인 답을 마련하고 있는 수학이나 영어 문제는 아무나 풀 수 있는 게 아니다. 그 답으로 가는 길은 열심히 공부를 했거나 능력이 있는 사람에게만 열려 있다. 객관적인 답에 이르는 길을 터득하려면 학습이 필요하다. 하지만 사랑은 학습이 필요 없다. 그래서 가장 주관적인 것이 가장 보편적이라는 이야기를 할 수 있게 된다.

다시 말하자. 비밀이 폐쇄적일 수밖에 없는 것은 구체적 체험을 반드시 필요로 하기 때문이다. 그런 의미에서 예술 작품들은 어느 정도 다 비밀의 문 같은 것들이다. 예술의 의미는 감상자가 구체적으로 체험하는 것만큼의 의미만 드러내는 법이니까. 더 확대하면 우리의 삶도, 이 세상 전체도 거대한 비밀을 간직한 텍스트라고 할 수 있다. 삶의 의미라는 것이 구체적 삶과 유리되어 존재하는 일은 절대로 없다. 삶의 의미는 사는 것 그 자체이다. 비밀이 그렇게 생생한 것이라는 것, 비밀은 말로 전해지는 것이 아니고 구체적인 체험을 통해서만 전달될 수 있다는 것을 소설 『어린 왕자』는 절묘하게 보여 준다.

여우는 어린 왕자에게 스승이다. 그는 어린 왕자에게 삶의 지혜와 비밀을 가르쳐 준다. 그는 길들인다는 것이 무엇인가를 가르쳐 준다. 하지만 여우는 어린 왕자에게 길들이는 방법을 가르쳐 준 것이 아니다. 중요한 것은 눈에 보이지 않는다고 말로 가르쳐 준 것이 아니다. 어린 왕자로 하여금 자신을 길들이게 함으로써 길들이는 것이 무엇인가를 실제로 체험하게 한 것이다. 어린 왕자 스스로 '중요한 것은 눈에 보이지 않는다'는 것을 깨닫게 도와주었을 뿐이다. 그가 전해 준 교육의 내용은 말로 전해진 게 아니라 둘 사이에서 실제로 벌어진 일이다. 서로 길이 들었고 비밀을 공유하게 되었으며 그 공유한 비밀, 보이지 않는 그 비밀이 얼마나 소중한가 하는 것도 함께 느끼고 공유하게 된 것, 그것이 둘 사이에 벌어진 일이다. "길들인다는 것은 이런 거야."라고 가르치는 것이 아니라 둘이 정말 사랑하는 사이가 되는 것, 진정한 체험은 그런 것이고 진정한 사랑은 그런 것이다.

사랑이 강조되는 세상이 되었다는 것은 객관적으로 밝혀진 의미나 가치보다는 사람들 사이에 은밀히 주고받고 은밀히 흐르는 의미와 가치가 더 중시되는 세상이 되었다는 것을 의미한다. 사랑이 강조되는 세상은 조직원들 간에도 은밀히 흐르는 애정, 조직원들만이 공유하고 있는 남다른 체험 같은 것들을 중시하는 세상이 되었다는 것을 의미한다. 좋은 조직이 되려면 "조직원들 간에 특별한 날을 만들어라. 무언가 은밀하게 공유하게 하라. 축제나 이벤트를 만들어라."라고 충고를 하는 것은 그 때문이다.

또한 사랑과 체험이 강조되는 시대란 기업도 소비자와 그 무언가 비밀을 공유할 필요가 있는 시대가 되었다는 것을 의미한다. 소비자가 기업을, 그 기업의 제품을 사랑하게 하려면 그 사이에 은밀한 공모가 이루어져야 한다. 혹은 은밀한 공모가 이루어지는 것 같은 착각이라도 주어야 한다. 쉽지는 않은 일이다. 그래서 상상력의 시대는 기업이나 상품이 예술이 되는 시대이기도 하다. 이미 말했듯이 예술의 의미는 거기 은밀하게 공감하는 사람에게만 살아나지 수학 공식의 답처럼 누구에게나 정답으로 주어지지 않기 때문이다. 사랑의 시대는 이심전심의 비법이 통하는 시대요, 염화시중의 미소가 통하는 시대이다.

고객의 가슴에 러브마크를 찍어라

사랑의 법칙

사실 우리가 이 책에서 소개하고 있는 새로운 경제·경영 이론들은 대개 구체적 체험과 감성을 중시하고 있으며 소비자에 대한 새로운 접근법을 요구하고 있다. 그들이 인간의 사회가 더 이상 기계적 합리성이 주도하고 있는 세상이 아니라 구체적인 이해와 공감을 전제로 움직이기 시작했다는 것을 알고 있기 때문이다. 중복의 위험을 무릅쓰고 정리한다는 의미에서 소개를 해 보겠다.

현장과 구체적 체험을 강조하고 있는 사람들의 이름은 이미 이번 장 앞에서 거론한 바 있다. 블루 오션의 김위찬 교수가 실천적 방법론을 갖추어야 혁신에 힘이 생긴다고 말했으며 왕중추가 자신이 쓴 책의 내용이 기업 현장에서 일어나는 실제 사례를 위주로 작성한 것이라고 말한 것 등이 그것이다. 한편 미래학자 존 나이스비트는 "나는 특별한 방법으로 미래를 예측하는 것이 아니다. 나는 신문을 읽고 미래 트렌드를 예측한다."라고 말한다. 미래의 트렌드를 예측하는 데도 방법론적 틀보다는 현장의 변화를 읽는 것이 중요하다고 말하고 있는 것이다. 다음 장에서 미래의 변화를 어떻게 읽을 것인가에 대해서는 별도로 다루게 될 것이니 그 정도 소개로 그치기로 하자.

한편 앞서 인용한 피터 셍게 MIT 교수는 "변화를 감지하는 것보다 실질적으로 변화하는 게 중요하다."라고 말하면서 구체적 체험의 중요성을 강조한다. 벤치마킹보다 실행이 더 결정적이라고 말하는 셍게 교수는 창의적 변신의 비법이 실행과 별도로 존재하지 않는다는 것을 역설하고 있는 셈이다.

또 구체적 체험을 강조하는 흐름에 화답하면서 보조를 맞추고 있는 것이 사랑을 강조하는 흐름들이다. 옌센이 "모험 이야기 시장, 돌봄의 시장, 정체성 시장, 마음의 평화 시장, 신념의 시장, 사랑과 소속감 시장 중에 '사랑과 소속감 시장'이 으뜸이다."라고 말한 것은 정서적 공감대가 시장에 얼마나 큰 영향을 미치는가를 한마디로 요약해 보여 주는 것이다. 우리가 이미 인용한 바 있는 "좋은 기업은 단순히 돈을 많이 버는 기업이 아니라 정서적 만족을 주는 기업으로 바뀌고 있다."라는 그의 이야기도 마찬가지이다. 그의 이야기는 기업과 소비자가 상품의 생산과 판매와 소비라는 경제적 메커니즘에 의해 움직이는 시스템이 아니라 정서적 공감을 바탕으로 거리가 좁혀진 관계를 이루고 있다는 것을 지적하고 있다.

결국 케빈 로버츠 같은 사람은 이렇게 단정적으로 말한다.

"소비자의 지갑을 여는 건 결국 사랑이다. 소비자가 당신 회사를, 당신 제품을 사랑하게 만들어라. 고객의 가슴에 러브마크를 찍어라."

좋은 제품을 만드는 것도 중요하고 합리적인 경영을 하는 것도 중요하지만 결정적인 것은 소비자와 은밀한 공모 관계를 맺는 것이 중요하다는 이야기다. 은밀한 공모 관계, 비밀을 공유하는 관계가 되려면 일방적 사랑으로는 불가능하다. 소비자가 기업과 제품을 사랑하게 하려면 결국 소비자를 사랑해야 한다. 쉬운 일은 아니다. 하지만 시도할 만한 일인 건 틀림이 없다.

한편 제프리 페퍼 미 스탠포드 대 교수는 직장 내 인화를 유지하는 것이 얼마나 중요한가를 강조한다. 직장의 구성원들끼리 애정을 공유하고 그들이 직장을 사랑할 수 있게 되면 그들을 아무리 느슨하게 풀어 놓더라도 저절로 창의적이 될 수 있다고 그는 말한다. 그래서 그가 강조하는 것은 '살 맛 나는 직장을 만드는 일'이다. 그게 이루어지면 직장의 구성원 하나하나가 모두 그 직장의 가장 좋은 홍보맨이 될 수 있다고 그는 말한다.

자기가 하고 있는 일을 사랑하게 되려면, 그래서 진정으로 창의적인 발상을 할 수 있게 되려면 오랫동안 혹독한 수련이 필요하다는 것을 역설하고 있는 사람이 말콤 글래드웰이다. 그는 창의성이 개인의 산물이요, 순간적인 직관의 산물이라는 일반적인 통념을 뒤집으면서 진정으로 핵심을 건드리고 있는 사람이다. 그가 "성공은 영웅적인 한 개인의 작품이 아니라, 부모의 지원과 사회적 환경, 문화적 유산 등 철저히 '그룹 프로젝트'의 결과이다."라는 말로 이미 일반적인 통념을 뒤집고 있는 것을 우리는 이미 살펴본 바 있다. 그는 이번에는 '1만 시간의 법칙'이라는 타이틀을 내세우면서 일반적인 통념을 뒤집는다.

그에게 인터뷰어가 이런 질문을 한다.

"아웃라이어들은 창의적인 특징을 갖고 있다. 반면 1만 시간 법칙은 반복 훈련의 중요성을 강조한다. 얼핏 모순되게 들리는데."

인터뷰어의 그 질문은 창의성이란 순간적인 영감과 같은 것이라서 반복되는 훈련이나 인내력과는 정반대된다는 일반적인 통념을 대변하고 있는 셈이다. 그는, 반복 훈련의 중요성을 강조하는 사람은 창의적인 발상보다는 꾸준한 현상 유지를 더 선호하는 사람이려니 미리 짐작하고 있었음에 틀림없다. 그런데 글래드웰이 쓴 책에서 핵심을 이루고 있는 단어는 역시 창의성이다.

창의성과 반복 훈련이 어떻게 연관이 되는가? 그 질문에 대해 그는 "빌 게이츠와 비틀스, 체스게임 챔피언들을 보라. 한결같이 창의적 (creative)이고, 창조적(inventive)인 사람들이다. 하지만 창의와 창조는 일정 시간의 준비를 필요로 한다. 그들 스스로를 표현하기 위해서다. 창의적인 음악을 하기 위해서는 먼저 음악을 숙달해야 한다. 탁월한 바이올리니스트가 되려면 먼저 바이올린을 잘 다뤄야 한다. 그냥 일반적인 차원이 아니라 대단히 전문적인 수준에서 숙달돼야 한다. 지식의 기초가 있어야 창의와 창조의 핵심에 도달할 수 있다. 이것이 1만 시간 법칙이다. 특별한 일을 하기 위한 훈련 단위다. 타이거 우즈는 탁월하게 창의적이고 창조적인 골퍼이지만, 그렇게 되기 위해서 매일 아침 일어나 골프 훈련을 통해 창의적인 골프를 하는 데 필요한 기초를 쌓아 온 것이다."라고 답한다.

글래드웰이 말하는 훈련 기간을 우리는 수련 기간이라고 바꾸어도 될 것이다. 기본 원리를 몸에 익히기 위한 구체적 체험 기간이라고 말해도 될 것이다. 그가 강조하는 것은 부분적 기능을 기계적으로 익히는 것과는 거리가 멀다. 부분적 기능만 익힌다면 창의적 발상을 하는 것은 불가능하다. 그가 강조하는 것은 기능공이 되기 위한 수련 기간이 아니라 장인이 되기 위한 수련 기간이다. 그 수련 기간은 창의적인 발상이 어떻게 가능한가라는 질문조차 하지 않는 기간이다. 아니 창의성이라는 단어는 아예 잊고 있는 기간이기도 하다. 모든 것을 잊고 자기가 하고 있는 일의 기본을 익히는 기간이다. 그래서 자신이 하고 있는 일과 거의 한 몸이 되기 위해 필요한 기간이다. 자기 일을 사랑할 수 있기까지 필요한 기간이다. 체험과 사랑과 창의성은 그런 수련 기간을 통해 한 몸이 된다.

사랑의 모험이 창조 경영을 이끈다

애플 마니아를 낳은 스티브 잡스

『어린 왕자』에서 주목할 부분이 또 있다. 시종일관 어른과 아이의 관계가 바뀌어 있는 것이다. 상식적으로 생각한다면 어른이 아이를 가르쳐야 한다. 하지만 『어린 왕자』에서는 어른이 아이들보다 무식하다. 어른들은 아이들이 쉽게 알고 있는 것을 모르는 존재이다. 아이들이 보기에 어른들은 언제나 설명을 필요로 하는 존재이다. 어른들은 절대로 '척하면 삼천리의 경지'에 오르지 못한다. 그래서 화자는 자주 말한다. 아이들은 어른들에 대해서 너그러워야 한다고.

더욱이 소설에서 어린 왕자는 영락없이 어른인 화자의 스승 역할을 한다. 어린 왕자는 화자에게 "중요한 것은 눈에 보이지 않는다."는 등 여우의 가르침을 그대로 전한다. 무엇을 전한 것인가? 지식이 아니라 지혜다. 체험과 사랑을 중시하는 세상은 즉각적이고 표면적인 감각이 지배하는 세상을 뜻하지 않는다. 그것은 머리로 익힌 지식보다 몸으로 실제 익힌 지혜가 중시되는 세상이 되었음을 의미한다. 사랑은 사랑해 본 사람이 알고 삶은 살아 본 사람이 안다는 상식이 통하는 세상이 되었음을 의미한다. 『어린 왕자』에서 어른인 화자가 어린 왕자에게 삶의 비밀을 배우고 그 무언가를 깨닫게 되는 것은 그가 배운 것이 지식이 아니기 때문이다. 세상살이에 대한 지식이야 어린 왕자보다 화자가 여러 수 위인 것은 물론이다. 하지만 삶의 지혜로 따진다면 화자는 어린 왕자보다 훨씬 무식하다.

삶에 대한 지혜는 학식과는 아무 상관이 없다. 좋은 대학을 나오고 박사학위를 받고 대학 교수가 되었다고 해서 삶에 대한 지혜로 충만해지는 게 아니다. 박사 학위와 삶의 지혜와는 아무 상관이 없다. 거부감을 느끼는 사람이 많겠지만 사실이다. 제아무리 학문적으로 박식하더라도 삶의 지혜로 따진다면 무식이 철철 넘칠 수도 있다. 학교 문턱도 안 밟은 사람보다 훨씬 무식할 수 있다. 지식만 모자란 게 무식한 게 아니다. 지혜가 모자라도 무식하고 무지하긴 마찬가지다. 지혜는 구체적 체험을 필요로 하기에, 그것도 몸에 밸 정도의 육화(肉化)를 필요로 하기에 구체적 체험이 없으면 무식해질 수밖에 없다. 그 체험에 내적이고 정신적인 체험까지 포함되는 것은 물론이다. 내가 보기에 구체적 경험과 실천과 사랑을 강조하는 새로운 경제·경영학자들은 일제히 지식보다는 지혜의 중요성을 외치고 있는 듯이 보인다.

지혜를 나누는 사람들은 구체적 체험을 공유한 사람들이다. 그들은 비밀을 나누는 사람들이다. 비밀을 공유함으로써 거리가 없어진 사람들이다. 그 무언가 남들이 동참할 수 없는 체험과 비밀을 공유하고 있기에 거리가 없어진 사람들끼리 느끼는 애정, 그게 형제애이다. 그래서 모든 비밀 결사 단체들은 형제애를 무엇보다 강조한다. 그 형제애는 모든 비밀이 그렇듯이 아주 폐쇄적인 특성을 갖고 있다. 그들은 그들만의 소중한 것을 간직한 사람들이 된다. 따라서 체험과 애정으로 맺어져 있고 지혜를 나누는 사람들이 많아지는 사회는 누구나 대단하다고 인정하는 공개된 가치보다는 은밀한 가치를 더 소중하게 생각하는 사람들이 많아지는 세상이다. 그래서 그들은 자신이 좋아하는 것에 대해 마니아가 된다. 요즘은 정말로 각종 다양한 분야에 마니아가 많은 세상이다. 이제는 운동선수나 연예계 스타만이 마니아를 거느리는 시대가 아니다. 어느 특정 분야나 기능에만 마니아들이 형성되는 시대가 아니다. 기업의 리더에 대해서도 마니아가 형성될 수 있고 기업에서 생산하는 제품에 대해서도 마니아가 있으며 기업 자체에 대하여도 마니아가 생길 수 있는 시대이다. 애플의 스티브 잡스의 인기가 여느 연예인 못지않은 것은 좋은 예이다.

마니아의 가장 큰 특성은 그 생명력이 길다는 것이다. 흔히 생각하듯 사랑은 변덕이 아니다. 진정한 사랑은 은밀한 내적 공모로 이루어지기 때문에 외부 변화에 그다지 시달리지 않는다. 현실적인 이해득실도 쉽게 초월한다. 누군가에게 러브마크를 찍게 되면 그 마크는 마치 하나의 낙인처럼 아주 오래간다. 내가 30년 가까이 프로야구팀 두산 베어스의 팬인 것은 내게 러브마크가 찍혔기 때문이다. 나의 두산 베어스에 대한 사랑은 거의 영원하다. 선수 구성원이 아무리 바뀌건 성적이 들쑥날쑥하건 아무 상관이 없다. 성적이 나쁘면 화도 좀 나고 감독이나 선수를 원망도 하겠지만 화도 원망도 애정에서 비롯된 화이고 원망이다. 롤프 옌센이 "모험, 돌봄, 정체성, 마음의 평화, 신념, 사랑과 소속감 시장 중에서 사랑과 소속감 시장이 으뜸"이라고 말한 것은 러브마크의 항구성을 의식하고 한 말이다. 가장 변덕이 심할 것 같은 사랑이 가장 오래간다. 그러니 소비자의 가슴에 러브마크를 심어 놓은 기업은 가장 어려운 과업 중의 하나를 달성한 셈이 되며 그 생명력이 아주 긴 기업이 된 셈이다.

하지만 러브마크 찍기는 가장 어려운 것이기도 하다. 사랑은 주고받는 것이고 실천이기 때문이다. 기업이 소비자를, 사회를 사랑하는 것이 가장 확실한 방법이면서 가장 어려운 방법이기도 하다. 기업 경영을 하면서 조직원을, 소비자를, 사회를, 국가를, 더 나아가 인류 전체를 사랑한다는 것이 어디 쉬운 일이겠는가? 하지만 어렵다고 포기할 일은 아니다.

체험과 사랑에 대한 장을 마무리하면서 한 가지만 더 덧붙이기로 하자. 다시 옌센의 이야기다. 그는 여러 시장 중에서 사랑과 소속감 시장이 으뜸이라고 말했다. 정말 혜안이다. 하지만 나는 그의 말을 사랑의 시장만이 중요하다는 뜻으로 읽지 않는다. 모험, 돌봄, 정체성,

마음의 평화, 신념 이 모든 것이 다 중요하지만 그중 중심에 있는 것이 사랑이라는 뜻으로 읽는다. 그의 말을 그렇게 읽으면서 나는 왠지 그가 구분한 여러 시장들을 결합해 보고 싶다는 생각이 든다. 예를 들어 모험의 시장과 사랑의 시장을 분리시키지 않고 결합시키는 것이다. 그러면 아마 이런 충고가 나올 수 있을 것이다. "사랑의 시장을 개척하는 모험을 감행해 보라." 사랑의 시장이 성공과 연결된다는 확신이 아직 널리 퍼져 있지 않을 때, 자기 스스로도 확신하기 어려울 때 과감하게 사랑에 투자하는 것, 그것은 사랑의 실천이면서 모험일 수도 있기 때문이다.

그러고 보니 내 강의의 스타일도 예전에 비해 많이 바뀐 셈이다. 아주 비현실적으로 여겨지던 가치들이 조금씩 자리를 잡는 모습을 내가 느끼기는 하는 모양이다. 사람 사이에 흐르는 정이나 사랑 같은 것이 힘을 발휘할 수 있다고 조금은 믿기 시작한 모양이다.

예전에는 학생들에게 강의를 하면서 조금은 미안한 마음이 들기 일쑤였다. '내가 해 주는 이야기대로 살다 보면 손해나 볼 텐데.'라는 생각을 속으로 할 수밖에 없었기 때문이다. 그리고 때로는 그 속내를 드러내 놓고 이야기해 주기도 했었다. 하지만 요즘은 달라졌다. 오히려 내가 지금 하고 있는 이야기가 상식이 되고 교과서가 되는 세상이 곧 올 것이라고 자주 말한다. 그 내용들이 조금 생경하게 여겨지는 것은 공식적으로 그런 교육을 안 받았을 뿐이기 때문이라고 말한다. 실제 교육제도나 내용의 변화가 아주 더디기 때문이라고 말한다. 세상은 분명히 변했고 변하고 있다. 롤프 옌센이 미래 사회는 분명히 꿈이나 사랑 같은 불확실한 가치들을 중심으로 움직일 것이라고 확실하게 말하는 것은 그 변화를 실제로 몸으로 느끼고 있기 때문이다.

과연 미래의 세상은 어떻게 될 것인가? 단 하나의 확고부동한 원칙을 부정하고 오히려 불확실한 것이 더 강조되는 세상에서 미래를 예측한다는 것이 가능하기나 한 것인가? 삶의 의미가 머나먼 추상적 목표에 있는 것이 아니라 순간순간 그 의미를 실현하는 과정과 체험 자체에 있다는 세상에서 미래의 비전을 갖는다는 것은 무엇을 의미할까? 우리가 마지막으로 살펴볼 내용이 바로 그것이다.

제8장

나는 미래를 예견한다, 고로 나는 창조한다

갓 돋아난 싹에서 개화를 읽는다

"역사는 진화와 퇴화, 전진과 후퇴, 균열을 내포한 우연과 불확실성이
끊임없이 충돌하는 하나의 중층구조이다."

_에드가 모랭(사회학자)

미래는 예측 불가능하면서
예측 가능하다

댄 애리얼리와 말콤 글래드웰의 대담

과연 미래를 예측하는 것이 가능한가? 유일한 합리적인 원칙의 존재를 부정한 후 미래의 모습을 그리는 것이 가능한가? 불확실성이 세상을 지배하고 있으며 세상은 결코 단순하지 않다고 말한 후 어떻게 미래의 모습을 그려 볼 수 있을 것인가? 불확실한 미래에 어떻게 대처해야 하는가?

그 질문을 앞에 두고 우리는 두 사람을 우리 임의대로 만나서 이야기를 나누게 해 볼 것이다. 바로 댄 애리얼리와 말콤 글래드웰이다. 댄 애리얼리는 인간은 예측 가능하게 비합리적이라고 말한다. 그런데 글래드웰은 정반대의 이야기를 한다. 글래드웰은 수학자이면서 월가의 투자전문가인 나심 탈레브를 자신과 가장 비슷한 생각을 하는 사람으로 꼽은 바 있다. 탈레브는 월가 위기 이후 『블랙 스완』이라는 책을 통해 과거의 경험이나 자료로 미래를 예측하는 것이 얼마나 위험한 일인지 조목조목 증명해 '월가의 새로운 현자(賢者)'라는 별명이 붙은 인물이다. 글래드웰은 자신이 탈레브에게서 친족감을 느낀 것은 둘 다 미래는 예측할 수 없다고 믿기 때문이라고 말한다. 그리고 그는 "우리가 미래에 대처할 수 있는 유일한 방법은 예측하지 못한 일이 발생할 수 있는 것(eventuality)에 대비하는 것이다."라고 말한다.

한 사람은 인간의 행동은 비합리적이지만 예측 가능하다고 말하고 한 사람은 세상사 자체가 예측이 불가능하다고 말한다. 그 두 사람을 한 자리에 앉혀 토론을 벌이게 하면 끝없는 평행선을 그으면서 맞서기만 할까, 아니면 알고 보니 같은 이야기를 한 셈이라고 서로 어깨를 감싸 안는 일이 벌어질까?

우리는 우선은 말콤 글래드웰의 손을 들어 주기로 하자. 미래는 예측이 불가능하다. 합리주의 원칙을 신봉하던 시절에는 미래는 얼마든지 예측이 가능하다고 생각했다. 세상은 물리적 인과 법칙이 엄격하게 적용되는 거대한 당구대 같은 것이니까 원인 분석만 정확하면 결과는 얼마든지 예측이 가능하다고 믿었다. 마르크스주의도 미래는 정확하게 예측이 가능하다는 전제하에 성립된 사상이다. 역사가 계속 진보를 해서 프롤레타리아 독재를 실현하고 드디어 지구상에 유토피아를 건설하는 날이 실제로 오게 되어 있다고 믿은 것이 마르크스주의이다. 그게 객관적인 법칙이라고 믿었다. 하지만 그런 미래는 절대로 저절로 오지 않는다는 것이, 역사에 그런 유일한 법칙은 존재하지 않는다는 것이 실증적으로 밝혀졌다. 우리가 이 책 내내 주장한 것도 그런 유일한 법칙이란 것은 존재하지 않는다는 것이 아니었던가?

우리가 보이지 않는 맥, 보이지 않는 힘에 대해 각각 한 장씩을 할애한 것도 이 세상은 물리적 인과성만이 지배하는 곳이 아니라는 것을 보여 주기 위해서였다. 실제로 아인슈타인 이후의 신과학자들은 거의 모두 고전적인 인과론이 이 세상 전체를 지배한다고 믿는 것은 환상에 불과하다는 것을 증명해 주고 있다. 동일한 원인에서 동일한 결과가 나온다고 믿는 것이 너무 순진한, 어리석은 생각에 불과하다는 것을 확인하려면 신과학자의 책 아무것이나 붙잡고 읽어 보면 된다. 같은 조건에서도 다른 결과들이 나올 수 있다는 정도가 아니라 조건이 아무리 똑같아도 결과가 똑같은 경우는 아예 하나도 없다는 것이 그들의 이야기이다. 우연과 불확실성이 작용하는 인간사에서만 그런 것이 아니라 엄격한 물리학의 세계에서도 그렇다는 것이다. 심지어 프랑스의 물리학자인 베르나르 데스파냐 같은 이는 '비분리성의 원칙'이라는 이름하에 미래가 과거의 원인이 될 수도 있다는 것을 증명하고 한 존재가 동시에 여러 곳에 존재할 수도 있다는 것을 증명한다. 그러니 이른바 과학적 인과론의 법칙에 의해 미래를 예측한다고 믿는 것은 과학의 이름으로 환상을 믿는 것에 불과하다.

하지만 역설적이게도 우리가 미래를 예측하는 것이 전혀 불가능한 것은 아니다. 얼마든지 가능하다. 물론 그것은 기계적인 인과론에 의해 미래를 예측하는 것과는 전혀 다른 방법에 의해서이다. 우리가 미래를 예측할 수 있는 것은 "하늘 아래 새로운 것은 하나도 없다."는 잠언과 "세상은 끊임없이 변한다."는 잠언, 일견 모순되어 보이는 두 잠언을 결합할 수 있기 때문이다.

우리는 "인간은 조금도 진보해 오지 않았다."라는 과격한 주장을 이미 한 바 있다. 인간이 만든 문명과 사회의 외양은 바뀌었을지 몰라도 인간의 심리적·신체적 특성, 인간의 윤리 등은 호모 사피엔스가 출현한 이후 조금도 진보해 오지 않았다는 의미에서이다. 그 다음에 우리는 인간의 다원성에 대해 누누이 강조한 바 있다. 인간의 욕망이 여럿이며 인간의 영혼이 하나가 아니라는 의미이다. 하지만 그 다원성도 한없이 열린 다원성이 아니다. 인간의 욕망과 영혼이 여럿이긴 하지만 그 수에는 일정한 한계가 있다. 질베르 뒤랑이 인류의 '상상계의 구조들'을 설립할 수 있었던 것도 인간의 영혼과 욕망에 한계가 있었기에 가능한 일이다. 그것은 바로 인간 운명의 한계이며 틀이다. 그것은 주역에 일정 수의 괘가 존재하는 것과 마찬가지다. 달리 표현한다면 그것은 바로 부처님 손바닥이기도 하다. 그 안에서 얼마든지 자유롭게 뛰놀고 행동하고 변신할 수 있는 곳이 부처님 손바닥이다. 하지만 제아무리 날고 긴다 해도 결국 그 안에서 벗어날 수 없는 게 또한 부처님 손바닥이다. 우리가 이 책의 6장에서 살펴본 신화가 바로 그것이기도 하다. 신화는 인간의 모든 상상력이 집적되어 있는 궁극적 장소이면서 동시에 그 상상력의 한계이기도 하다. 달리 말한다면 상상력 자체가 이미 인간의 모든 가능성과 한계를 동시에 보여 준다. 상상하는 인간에게는 모든 것이 허용되어 있지만 동시에 모든 것이 금해져 있기도 하다. 인간과 인간 사회의 모든 변화는 그 허용과 금기 사이에서 일어난다.

우리가 인간 사회의 미래를 예측 가능하다고 말하는 것은 바로 그 자리에서이다. 나는 얼마 전에 상상력에 관한 책을 출간하면서 그 책에 『싫증주의의 힘, 상상력』이라는 좀 엉뚱한 제목을 달았다. 내가 싫증주의라는 제목을 단 것은 인간이 다양한 욕망들 사이에서 찢기고 변덕을 부리면서 변화한다는 것을 강조하기 위해서이다. 우리가 미래를 예견할 수 있는 것은 인간이 합리적이기 때문이 아니다. 혹은 인간의 욕망이 일정한 메커니즘에 의해 움직이기 때문이 아니다. 인간의 욕망이 그렇게 싫증을 느끼고 변덕을 부리기 때문이다. 욕망에 한계가 있어서 하나의 욕망이 충족되면 다음에 다른 욕망이 꿈틀거리기 때문이다. 그리고 그 욕망이 어떤 것인지 짐작할 수 있기 때문이다. 그러니 이렇게 말하기로 하자. 우리가 우리의 미래를 예견할 수 있게 해 주는 것은 바로 인간의 싫증주의이다. 화무십일홍이요 달도 차면 기운다고, 한 욕망이 포화 상태에 이르러 포만감을 느끼면 곧 싫증을 느끼고 다른 욕망의 허기를 느끼는 것이 인간이다.

그런 식으로 본다면 우리가 맞이하고 있는 상상력의 시대는 새로운 시대이면서 새로운 시대가 아니다. 낡은 고전적 합리주의의 절대성을 부정하고 새롭게 세상을 보게 한다는 뜻에서는 새롭다. 하지만 상상력의 시대가 고전적 합리주의가 포화 상태에 이른 결과 그에 대해 싫증을 느껴서 오게 된 것이라면 그건 전혀 새로운 게 아니다. 그건 언제나 작동하던 인간의 싫증주의의 소산이기 때문이다.

상상력으로 세상을 본다면 새로운 것은 그야말로 새로운 것이 아니다. 하늘 아래 새로운 것이 없기 때문이다. 적어도 꿈의 차원에서는 그렇다. 비행기나 자동차는 매일 새로운 것이 나온다. 기술은 매일 새로워진다. 하지만 비행기나 자동차를 낳게 한 꿈은 하나도 새롭지 않다. 정보매체의 기술은 매일 새로워지지만 그것이 새로운 인간의 꿈을 낳지는 않는다. 꿈의 차원, 상상력의 차원에서 보자면 가장 새로운 것은 가장 오래된 것에 있다. 인간의 삶과 꿈과 상상력이 순환하기 때문이다. 우리에게 새로운 시대가 새롭게 보이는 것은 우리가 너무 오래 그것들을 잊고 살았기 때문이다. 우리의 일상들, 우리의 사회, 더 나가 우주까지도 그런 원리에 의해 돌아간다.

그렇다면 이번에는 댄 애리얼리의 손을 들어 줄 때가 된 셈이다. "인간은 예측 가능하게 비합리적이다."라는 그의 말은 인간이 합리적 질서에 의해 움직이지는 않지만 그렇다고 인간의 행동을 전혀 예측할 수 없지는 않다는 말을 한 셈이기 때문이다. 하지만 글래드웰과 애리얼리는 결국, 인간의 미래를 예견하려면 절대로 단순한 고전적 합리성을 신봉하면 안 된다고 같은 이야기를 하고 있는 셈이기도 하다. 인간이, 인간의 사회가, 더 나가 자연이 그런 단순한 법칙에 의해 움직이지 않는다는 점에 동의를 하고 있는 셈이다. 그만큼 세상 돌아가는 원리는 단순하지 않고 복잡하다는 것에 동의를 하고 있는 셈이다. 인간 이해에 비합리적인 면을 도입해야 한다는 댄 애리얼리의 주장이나 마케팅은 복잡계(複雜系)의 원리가 적용되는 분야라는 말콤 글래드웰의 주장은 맥이 통하고 있다. 그러니 서로 상반되는 주장을 하고 있는 것처럼 보이는 댄 애리얼리와 말콤 글래드웰이 결국에는 서로 반갑게 포옹하는 모습을 우리는 그려 볼 수 있을 것이다.

가장 미미한 것이 가장 앞선 것이다

복잡성의 법칙

세상사가 단순하지 않고 인간의 사회도 역시 단순하게 돌아가지 않는다는 것을 학문적으로 종합하고 있는 사람들 중 대표적인 사람이 에드가 모랭이다. 인간의 삶에 온갖 복잡성의 원리들이 작용하고 있음을 보여 주는 연구를 통해 복잡성의 철학자, 복잡성의 사회학자라는 칭호를 듣는 에드가 모랭 같은 대가이자 현자의 입에서도 '미래는 어떤 사회가 될 것인가'에 대한 확신에 찬 발언은 찾아볼 수 없다. 그가 하는 이야기는 겨우(?) 이 정도이다.

- 인간의 일체성과 다양성. 그것을 바탕으로 우리의 미래가 펼쳐진다.
- 미래에 대비하려면 미래를 정확히 예측할 수 있다는 믿음을 버려라.
- 미래에 대비하는 능력이란 우연이나 불확실한 것, 예상 밖의 것에

대비하는 능력을 말한다.

모랭은 "역사는 진화와 퇴화, 전진과 후퇴, 균열을 내포한 우연과 불확실성이 끊임없이 충돌하는 하나의 중층구조이다."라고 말한다. 따라서 우리의 눈앞에는 무한한 진보의 신화에 입각한 미래가 펼쳐져 있지 않다. 온갖 불확실성만이 우리 앞에 놓여 있을 뿐이다. 그가 단언하는 것은 "눈부신 미래를 향해 거침없이 나아가는 역사의 법칙이란 존재하지 않는다."는 것이다. 그렇다면 우리는 그런 불확실성 앞에 속수무책으로 놓여 있기만 한 존재인가? 미래가 어떻게 될 것인지 짐작도 할 수 없다는 말인가? 여기서 모랭은 우리가 싫증주의라는 표현을 통해 담고자 했던 내용을 구체적으로 우리에게 제시한다. 그는 확신한다. 오랫동안 서구 사회, 더 나가 지구촌 전체를 지배해 온 진보의 신화에 대항하는 반동의 흐름이 스미어 나오고 있으며 당분간 주류를 이루리라는 것이다. 진보에의 믿음과 합리적 질서에의 믿음이 야기한 여러 현상들에 대한 반작용이 꿈틀거리고 있다는 것이다. 모랭이 지적하고 있는 반작용들은 아래와 같다.

- 생태적 역류 : 발전과 자연 이용, 에너지 개발에 대한 반작용
- 질적인 역류 : 양에 의한 획일화에 저항하는 흐름
- 효율성에 대한 저항으로서의 정서의 역류 : 사랑이나 감탄에 대한 열정, 축제에 몰두하는 삶, 낭만적이라고만 여겨졌던 시적인 삶의

일상화

- 이미 표준화된 과소비에 저항하는 흐름 : 전통적인 소비 방식으로 되돌아가거나 검소함과 절제의 미덕 강조
- 황금만능주의에 대한 반성 : 인간적인 유대관계 중시. 이윤보다는 윤리
- 전쟁과 폭력에 대한 반작용 : 영혼과 정신의 평화의 윤리를 함양하는 움직임
- 분열과 경쟁에 대한 반작용 : 지구촌의 한 가족으로서 일체감의 함양

그는 덧붙인다. 이 중 몇 가지는 아직 미미한 움직임을 보이는 정도이지만 분명히 미래의 주도적 흐름이 될 것이라고. 우리로서는 그 움직임이 미미할수록 그에 더 조심해서 귀를 기울이라고 말하고 싶다. 가장 미미한 것이 가장 앞선 것이 되기 때문이다.

상상하라, 미래를 읽어라

미래를 예측하는 상상력의 힘

경제·경영학 분야에서뿐만 아니라 우리의 삶 전반에서 미래를 볼 줄 아는 능력을 갖게 된다는 것은 정말 꿈같은 일이다. 또한 미래를 미리 예견해 보고 싶어 하는 것 자체가 인간이 언제나 간직하고 있던 꿈들 중의 하나이기도 하다. 우리를 매료시키는 수많은 공상과학 소설이나 영화는 그 꿈의 반영이다. 우리는 우리의 내일을 알고 싶어 점을 보기도 하고 우리의 꿈을 해석하기도 한다.

경제·경영학에서 미래학자들이 각광을 받는 것은 미래를 알고 싶은 우리의 욕망이 그만큼 크기 때문이다. 하지만 내가 보기에 미래학자라는 타이틀을 달고 있는 사람들만이 미래학자가 아니다. 이 책에서 소개되고 있는 많은 경제·경영학자들은 거의 모두 미래학자들이다. 그들은 오랫동안 상식으로 통용되던 것들을 부정하면서 새로운 가치를 추구하고 새로운 변화를 읽는 데 몰두해 있기 때문이다. 그들은 모두 지금의 상황을 분석하는 데 힘쓰기보다는 다가올 미래에 대비하는 데 힘쓰고 있다. 창의성이라는 단어 자체가 이미 미래와 결부되어 있는 것이 아닌가. 특히 롤프 옌센이 그의 저서 『드림 소사이어티』에서 그려 보이는 사회는 현재 사회가 아니라 미래 사회이다. 그는 늘 '미래의 사회는'이라는 전제를 단다.

그들은 아직 피지 않은 봉우리와 갓 돋아난 싹에서 개화와 숲을 보고 있는 사람들이다. 최근 각광을 받기 시작한 댄 애리얼리도 훌륭한 미래학자라고 우리가 간주할 수 있는 것은 그 때문이다. 그는 경제학의 코페르니쿠스 대접을 받게 될지도 모른다는 일부의 평가를 받는다. 정말 그의 이야기가 맞는 것 같긴 하지만 아직은 완전히 납득이 되지 않았기 때문이다. 그가 하는 말이 경제학이나 경영학의 모든 분야에 두루 적용될 수 있다는 확신이 없기 때문이다. 그가 들고 있는 예가 예외적일 수도 있다고 생각하고 있기 때문이다. 그는 인간이 비합리적이라고 강조하지만 마음 한구석에서는 '그래도 인간은 합리적 동물이지.'라는 생각이 좀처럼 수그러들지 않기 때문이다. 그래서 그는 미래학자가 된다. 누구나 공감하는 상식에 대해 말한다면 그는 미래학자가 아니다. 그가 그렇게 비상식적인 이야기를 미래학자답게 얼마나 설득력 있게 하고 있는지 예를 들어 보기로 하자. 이스라엘의 한 탁아소에서 벌어졌던 사건이다.

이스라엘의 한 탁아소에서 탁아소에 맡긴 아이를 부모들이 늦게 데리러 오는 경우가 많아서 부모에게 벌금을 매겼다. 어떤 일이 벌어졌을까? 인간이 호모 에코노미쿠스라면 당연히 늦게 아이를 데리러 오는 부모의 수가 줄어야 한다. 그런데 오히려 늦게 데리러 오는 부모의 수가 늘었다. 애리얼리의 설명은 이렇다.

"예전에는 '교사에게 죄송하다'는 '사회 규범'의 영향을 받은 탓에 대개 최선을 다해 이른 시각에 아이들을 데리러 왔던 거죠. 그런데 벌금 내라고 하니까 이제는 '돈 내면 되겠네' 하는 '시장 규칙'이 작동을 시작하면서 당당하게 늦게 오게 된 겁니다.

그런데 가장 흥미로운 일은, '괜히 벌금제를 도입했다'고 후회한 탁아소가 몇 주 뒤 벌금을 없애면서 일어났습니다. 벌금을 없앴더니, 늦게 데리러 오는 부모가 이젠 더 늘어난 거죠. 부모들이 '이제는 돈도 안 내? 그럼 더 잘됐네' 하고 판단하기 시작한 겁니다."

위의 예를 통해 댄 애리얼리는 인간의 행동을 결정하는 것이 결코 경제적 합리성뿐만이 아니라는 것을 보여 준다. 체면, 윤리, 정서적 만족감 등 다른 모든 요소들이 두루 작용한다. 물론 댄 애리얼리의 의도는 인간의 비합리성 자체에 대한 연구와는 거리가 있다. 그가 주장하는 것은 인간에게는 그렇게 비합리적인 면이 있으니 합리적인 설득만으로는 옳은 선택을 할 수 있게 만들지 못한다는 것이다. 합리성과는 거리가 먼 미세한 자극을 주고 유도(誘導)를 해서 훨씬 더 지혜로운 선택으로 옮겨 탈 수 있게 만드는 것, 그것이 그의 연구의 목표이다. 따라서 그는 경제적 합리성에 어긋나는 것은 모두 비합리적이라고 생각하는 경향이 있다. 그런 의미에서 그는 여전히 합리주의자이 기도 하다. 하지만 인간이 결코 호모 에코노미쿠스가 아니라는 생각 을 경제학에 도입한 애리얼리는 미래의 경제학의 방향 전환에 중요한 역할을 할 미래학자임에 틀림이 없다.

인간이 결코 단순한 합리성에 의해 움직이지 않는 존재라는 것을 깊이 이해하고 그것을 마케팅에 도입한 사람은 말콤 글래드웰이다. 그 는 마케팅이 원인과 결과가 단순하게 이어지는 메커니즘이 아니라 복 잡계(複雜系)의 원리가 적용되는 분야라는 사실을 정확하게 이해하고 실제 사례들을 통해 설명한 사람이다. 우리가 이미 인용했듯이 그는 메가트렌드가 탄생하는 과정에도 복잡한 생명의 원리가 작용하고 있 다고 말한다. 그의 '대박 상품이나 메가트렌드의 발생과 진화 과정'이 라는 제목은 상품의 미래도 생명 현상의 하나로 보아야 함을 역설하 고 있는 듯이 보인다. 그렇기에 그는 댄 애리얼리와는 달리 합리성에 서 벗어나는 것처럼 보이는 것들이 통찰력과 미래 예측에 크게 작용 하고 있다는 것을 강조한다.

예를 들어 그는 『블링크(Blink)』라는 책에서 2초 안에 일어나는 순 간적인 판단력, 즉 우리가 '직감', 혹은 '육감'으로 흔히 부르는 직관(直 觀)의 능력이 어떻게 성공적 선택과 연결되는가를 분석한다. 그는 인 간이 평소에는 분석적이고 논리적인 뇌를 차근차근 사용하지만, 중대 한 순간을 포착할 때는 의식의 닫힌 문 뒤에 숨어 있는 뇌, 직관의 뇌 를 폭발적으로 사용한다고 본다. 그리고 이렇게 영감(靈感) 어린 직관적 결단이, 데이터를 곰곰이 따지고 논리를 세워서 내린 결정보다 더욱 현명하고 통찰력 넘칠 수 있다는 것을 밝힌다. 인간의 직관과 꿈이 미래를 판단하는 데 그 무엇보다 중요하다는 것, 그것을 그는 말하고 있는 것이다.

그들 외에도 미래학자라고 부를 수 있는 사람들은 많다. 아예 미래학자라는 타이틀이 붙어 있는 피터 슈워츠 교수는 "가능성을 믿는 사람은 언제나 살아남는다."라고 말하면서 미래의 성공을 보장하는 덕목을 강조하기도 하고 메가트랜드로 유명한 존 나이스비트는 "눈앞의 작은 변화보다는 큰 흐름을 읽는 눈을 가지라."고 충고하면서 구체적으로 유망한 미래의 산업 경향을 분석해 보여 주기도 한다. 하지만 나는 이 책을 마무리 지으면서 결국 "꿈을 꾸어라, 상상하라, 그래야 미래를 읽을 수 있다."라는 단순한 결론만을 제시하고 싶다.

세상은 확실히 변했고 변하고 있다. 그 변화의 내용을 19세기에 일찍 시로 발설한 네르발은 미쳤다. 그 내용들은 생텍쥐페리의 『어린 왕자』에서는 여전히 비현실적인 꿈의 영역에 있었다. 21세기 상상력의 시대란 일찍이 19세기의 한 시인을 미치게 했으며 20세기 초엽까지 아직 꿈에 머물러 있던 가치들이 수면으로 떠오른 시대인 셈이다. 『어린 왕자』에서는 꿈이었던 것이 현실이 된 시대인 셈이다. 생각해 보라. 돈보다는 사랑이라고 공식적으로 말하는 사람이 있는 세상이 되었고 계산적 만남보다는 진정한 애정을 가진 만남이 더 성공을 보장할 수 있다고 말하는 사람이 있는 세상이 되었으니 변해도 무척이나 변한 셈이다. 하지만 아직 많은 사람들이 망설인다. 목전의 이익과 욕심에 눈이 멀어서이기도 하지만 그 변화를 실제로 체감하기 어렵기 때문이다. 그 변화가 구체적으로 보이지 않기 때문이다.

새로운 변화에 대해 이야기를 하는 사람들이 그렇게 많아졌는데, 많은 경제·경영학자들의 입에서도 아주 쉽게 세상 변한 이야기를 들을 수 있는데 그런 이야기를 아직 비현실적인 환상으로 여긴다면 조금은 곤란한 일이다. 그 태도야말로 정말 보수적인 태도이다. "제비가 보이는 걸 보니 곧 봄이 오겠군. 곧 싹이 트고 꽃이 피겠네."라고 말하는데 "아직 날씨가 춥고 싹도 안 보이고 꽃도 안 피었는데 봄은 무슨 봄이냐."고 대꾸하는 것과 같다. 나는 지금 제비가 보이니 봄이 올 것을 대비하라고 말하고 있는 것이지 겨울나무에서 잎을 보고 꽃을 보라고 말하고 있는 것이 아니다. 그건 도사나 예술가의 몫이다. 일반인이나 기업가는 예술가가 아니니까 너무 앞서 갈 필요는 없다. 무엇이 지금 이 시대에 너무 결여되어 있는지 너무 멀리 보고 너무 애써서 찾으려고 할 필요도 없다. 그런 것은 네르발이나 보들레르 같은 시인들의 몫이고 모차르트나 바그너 같은 음악가들, 즉 예술가들의 몫이다. 그러나 그렇다고 전혀 앞서지 말라는 이야기가 아니다. 적어도 이 책에서 이야기하고 있는 미래의 이야기들은 우리 코앞에 다가온, 현실에 아주 가까운 미래이다. 얼마나 가까이 다가와 있는지 실감하기 위해 바슐라르의 이야기를 하나 소개해 보자.

바슐라르의 '단절과 감싸기' 개념에 대해서는 우리가 이미 충분히 이해한 바 있다. 새로운 과학정신은 앞선 과학정신과 단절되어 있으면서 그것을 부분으로 감싼다는 것이 '단절과 감싸기'이다. 그런데 바슐라르는 단절과 감싸기 개념을 통해 과학사를 설명하면서 한 가지 아주 중요한 지적을 했다. 새로운 과학정신이 옳은 것으로 받아들여진 후에도 그것이 일반화되는 데는 200년 정도 걸린다는 것이다. 예컨대 코페르니쿠스의 지동설이 '참'으로 받아들여진 이후에도 여전히 천동설을 근간으로 하는 교육이라든지 제도가 200년 동안 이어져 왔다는 말이다. 그러니까 사람들은 '지동설'이 '참'으로 받아들여진 이후에도 상당히 오랜 기간 여전히 천동설의 세상을 살고 있었던 셈이다.

그 이야기를 오늘날에 적용해 보자. 아인슈타인의 상대성이론이 나온 지 100년이 넘었다. 바슐라르가 신과학정신이라고 일컬은, 이전의 과학정신과 단절된 새로운 과학정신이 출현한 지 100년이 넘었다는 이야기이다. 하지만 우리는 아직 뉴턴의 역학 시대를 살고 있다. 아인슈타인의 상대성 이론이 과학이론이라기보다는 공상으로 여겨지는 사람이 아직도 많은 세상에 우리는 살고 있다. 우리의 교육 내용, 우리의 인식·제도는 아직 이전의 과학정신의 시대에 머물러 있다. 신과학에서 보여 주는 새로운 이론들이나 발상들이 아직 우리에게 너무 낯설게 여겨지는 것은 그 때문이다. 그런데 우리가 이 책에서 확인했듯이 신과학의 새로운 발견과 이론들은 우리가 이 책에서 말하고 있는 내용들과 상당 부분 맥이 통한다. 그들은 과학의 이름으로 유기적 사유를 보여 준다. 그들은 과학의 이름으로 상상력과 손을 잡는다. 그러니 그들의 이론이나 이야기가 낯설게 여겨지는 세상은 우리가 상상력을 중심으로 이 책에서 하고 있는 이야기들이 아직 낯설게 여겨질 수도 있는 세상이다.

하지만 바슐라르가 살았던 시절보다 변화가 빠른 세상에 우리는 살고 있다. 바슐라르가 말한 200년은 훨씬 앞당겨질지도 모른다. 내가 수업시간에 학생들에게 "내가 여러분에게 전해 주는 내용들이 얼마 안 있어 공식 교육 내용이 될 것이다."라고 자신 있게 말할 수 있는 것은 그 때문이다. 그렇게 본다면 우리는 지금 변화의 마지막 단계에 있는지도 모른다. 그리고 그건 다행이기도 하다. 변한 세상을 실제로 겪으면서 살아 볼 수 있다는 것은 어느 모로 보나 다행이 아니겠는가. 아둔한 사람들은 그 변화를 보지 않고 인정하지 않는다. 더 답답한 사람들은 같은 내용, 같은 발상을 주장하면서 새로운 것이라고 우기는 사람들이다. 그래서 우리는 더욱 사이비 새로움을 경계해야 하는지도 모른다.

사실 이 책의 내용들은 하나도 새로운 것들이 아니다. 두 가지 의미에서 그러하다. 우선 그 내용들이 아주 먼 옛날부터 이어져 오던 생각이며 인류가 지구상에 존재한 이래 죽 품어 왔던 생각이라는 의미에서 그렇다. 생물학자 셸드레이크는 그 놀라운 '형태 발생의 장' 이론이라는 발상을 어떻게 할 수 있었느냐는 질문에 대해 '생기(生起)론적인 전통은 생물학에서 아주 오랫동안 이어져 오던 전통'이며 '자신은 그것을 이어받은 것에 불과하다'고 담담하게 말한다. 가장 새로운 첨단의 생물학자가 새로움에 대해 아주 무감각하다는 사실! 거기에 신과학의 새로움이 존재한다.

그렇게 긴 안목이 아니라 시야를 좀 좁혀 보더라도 우리의 생각은 하나도 새롭지 않다. 그것들은 100년 훨씬 전에 아인슈타인이 상대성 이론을 통해 보여 주고자 했던 발상들이며 거의 80년 전에 바슐라르가 했던 이야기들이고 60년 전에 뒤랑이 새로운 인류학으로 체계화해서 보여 준 이야기들이기 때문이다.

하지만 달리 보면 모두 새로운 이야기이기도 하다. 우리의 이야기들이 아직 많은 사람들에게 낯설게 여겨진다는 의미에서 그러하다. 더욱이 공식 교육이나 제도에는 이제 겨우 반영이 될까 말까 한다는 의미에서 그러하다. 하지만 중요한 것이 있다. 지금 겨우 반영이 될까 말까 하는 모습을 보인다는 것은 이제 돌이키기 어려운 새로운 길이 이미 열리고 있음을 의미한다는 사실이다. 조금 앞당기고 늦어지고의 차이는 있을지 몰라도 어차피 그 길이 대세이다. 어차피 우리는 지구촌의 가족화가 가속화되는 세상에서 살게 되어 있으며 애정과 개인적 열정 등이 주도하는 세상에 살게 되어 있다. 어차피 우리는 경쟁보다는 조화와 균형을 우선시하는 세상에 살게 되어 있다. 그런 가치들을 사람들이 목마르게 갈망하고 있기 때문이다. 세월이 좀 흐르면 그런 것이 국제적인 공식 이념이 될 것이고 그 이념을 주도하는 국가와 기업이 미래의 지구촌의 리더가 될 것이다.

그 리더가 훌륭해야 지구촌 전체가 산다. 미래의 리더는 결코 주도

권 쟁탈전에서 이기는 리더가 아니다. 세상이 그런 리더를 원하지 않는다. 세상은, 세상을 감싸는 리더를 원한다. 윤리적인 리더를 원한다. 존경받는 리더를 원한다. 우리나라가 리더가 되려면 지구촌의 시각에서 윤리적이 되어야 하고 국민 매력 지수도 높아져야 하는 것은 그 때문이다. 국제화는 단순히 세계로 눈을 돌린다고 해서 이루어지는 것이 아니다. 어떤 눈길을 돌리느냐에 따라 우리는 미래가 결정된다. 그것이 바로 지금 우리가 발휘해야 할 상상력이다. 우리가 발휘해야 할 미래의 상상력이다. 세계로 나가는, 아니 이미 세계로 진출한 우리 기업들에게 내가 바라는 것은 그런 상상력이다. 그 상상력은 그 기업만의 상상력이 아니라 우리 전체의 상상력이 될 것이며 지구촌 전체의 새로운 상상력 형성에 기여하는 상상력이 될 것이다.

당신의 경영이 이야기로 충만해질 때

경영대학원에서 하게 된 강의가 빌미가 되어 쓰게 된 책이니 그 강의 이야기로 마무리를 짓는 것도 좋은 일일 듯싶다. 경영대학원 문화 예술 경영학과에 개설된 과목이라서인지 수강하는 이들의 구성이 다양했다. 일반 대학원 석·박사 과정 중인 사람들도 있었고 회사를 경영하는 사람들도 있었으며 각종 문화 예술계에 종사하는 사람, 은행가, 공무원, 건축가, 회사원, 유치원 원장님, 구립 도서관장 등 정말 다양한 사람들로 이루어져 있었다. 구성원들이 다양한 만큼 어디 한 군데 초점을 맞추는 것은 애당초 무리였다.

나는 결심을 했다. 이 강의 자체를 일종의 동사 원형을 제공하는 기분으로 진행하자는 것이었다. 시제와 주어에 따라 동사 변화를 시켜야 하듯이 강의를 듣는 이들의 상황과 필요에 따라 각자 수용하고 변용해서 활용하기를 바란 것이었다.

강의 종료 후 과제들을 읽으면서 내 의도가 어느 정도 맞아떨어졌다는 생각에 기분이 좋았다. 강의 전체가 그 자체 완벽한 스토리텔링이었다는 과분한 칭찬도 있었고 오랜 동안 회사 생활을 하고 기업을 경영하면서 나름대로 터득한 방식들의 뿌리가 이 과목의 내용에 모두 들어 있는 것을 알고 놀랐다는 내용도 있었다. 기업의 가치가 돈을 버는 데만 있는 것이 아니라 건강한 인간의 삶을 영위하는 데 그 목적이 있어야 한다는 것을 확실히 알게 되었다는 글도 있었고 문화계 전반에서 일고 있는 융합의 흐름이 왜 오게 되었는지 그 의미를 정확히 이해할 수 있었다는 내용도 있었다.

강의를 듣고 자신이 과연 꿈을 꾸어 본 것이 언제인지, 왜 이렇게 꿈을 잃고 살아오게 되었는지 반성하게 되었다는 글도 있었으며 다양성과 이타성에 대한 강의를 듣고 사업 방향의 전환을 이룩하는 계기가 되었다는 내용도 있었다. 그 외에도 다원주의 문제, 사랑과 이해의 문제에 공감을 한다는 내용도 있었고 유기적인 사유가 어떤 것인지 이해하고 활용할 수 있어서 좋았다는 내용도 있었다.

과분한 칭송들에 몸 둘 바를 모르면서도 내심 아주 흡족하게 느끼기도 했고 그럴 이유도 있었다. 강의 내용 중 자신에게 중요하다고 여겨진 것들이 실제로 자신이 지금 하고 있는 일에 도움을 주었고, 당면해 있는 과제를 푸는 데 도움이 되었다는 글들이 많았다는 사실이었다. 수강한 사람들에게 실질적으로, 그리고 구체적으로 도움을 줄 수 있었다는 사실이 나를 가장 기쁘게 했다. 아마 이 책을 쓸 생각이 든 것도 그 사실에 고무되었기 때문일 것이다.

내 강의가 그러했듯이 이 책도 읽는 이들에게 일종의 동사 원형 역할을 하기를 나는 바란다. 자신의 상황에 따라 도움이 될 만한 내용을 중심으로 이 책이 변용되어 활용되기를 바란다는 뜻이다. 거기다 한 가지 더 욕심을 부리기로 하자. 이 책의 내용 전체를 유기적인 연관성하에 연결시켜서 읽을 수 있다면 더 좋을 것이다.

이 책의 내용은 하나의 정해진 결론을 향해 앞으로 나아가지 않는다. 그렇다고 각 내용들이 병렬적으로 펼쳐져 있는 것도 아니다. 또한 이 책의 핵심 내용이나 중심이 따로 있는 것도 아니다. 말하자면 이 책은 다(多)중심적으로 되어 있다. 이 책의 내용 자체가 유기적으로 이루어져 있다는 말이다. 각 장의 내용은 독립적이라기보다는 다른 장의 내용과 유기적으로 연결되어 있다. 동심원적으로 연결이 되어 있다는 표현이 보다 적절할 것이다. 따라서 읽는 이의 상황에 따라 하나의 중심을 설정하고 다른 내용들을 그 중심 주변에 운집시키게 되면 현실적인 활용도가 클 것이다.

예를 들 것도 없이 나 자신의 이야기를 해 보자. 내가 요즘 화두로 하고 있는 말 중의 하나가 "들여다봐야 알지."라는 말이다. 내가 상상력을 공부하면서 익힌 것, 그래서 내가 지니게 된 관념들이 구체적 현실과 만나서 어떻게 변용을 이루고 모양을 갖추게 될 것인지 스스로 궁금해서 만들어진 화두일 것이다. 바슐라르의 응용 합리주의를 실천해 보고 싶은 욕망이라고 간단하게 말해도 될 것이다. '상상력과 창조 경영'이라는 강의를 시작한 것도, 이 책을 쓰게 된 것도 모두 그 욕망의 발현 때문이라고 보아도 된다. 상상력에 관한 나의 인문학적 관념들을 경영이라는 실천적 현실과 만나게 하자는 욕망. 그런데 이 책을 쓰고 나니 다른 욕망이 고개를 든다. '구체적 현실'을 좀 더 구체화해서 한국의 기업들로 바꾸어 보고 싶은 욕망. 한국 기업들의 상상력을 한번 살펴보고, 밝혀 보고 싶은 욕망.

만일 그 욕망을 실현하기 위해 이 책을 활용한다면 그 중심에 7장을 놓아야 한다. 무엇보다 중요한 것은 구체적 체험이기 때문이다. 자료를 모으고 사람을 만나고 현장을 들여다보아야 한다. 또 자료를 모으고 사람을 만나고 현장을 들여다보되, 어떤 자료와 사람을 어떤 방식으로 만나고 그 결과는 어떻게 활용해야 하는지는 7장 외의 내용이 도움을 줄 수 있다. 7장이 중심이 되어 다른 내용들과 함께 상황과 필요성에 따라 자유롭게 변신하는 일종의 트랜스포머가 되는 것, 그것이 이 책을 유기적으로 활용하는 방법이다. 이 책이 독자들의 상황과 필요에 따라 자유롭게 변신할 수 있는 트랜스포머가 될 수 있다면 더 이상 바랄 게 없다.

우선은 내 스스로 7장의 내용을 실천하면서 변형에 성공하는 것이 필요할지도 모르지만……

진형준

상상력 혁명

| 펴낸날 | 초판 1쇄 2010년 5월 6일 |
| | 초판 2쇄 2010년 6월 18일 |

지은이   **진형준**
펴낸이   **심만수**
펴낸곳   **(주)살림출판사**
출판등록 **1989년 11월 1일 제9-210호**

경기도 파주시 교하읍 문발리 파주출판도시 522-1
전화 **031)955-1350**   팩스 **031)955-1355**
기획·편집 **031)955-1372**
http://www.sallimbooks.com
book@sallimbooks.com

ISBN   978-89-522-1408-9   03320

※ 값은 뒤표지에 있습니다.
※ 잘못 만들어진 책은 구입하신 서점에서 바꾸어 드립니다.

책임편집 **박진희**